Ifishilano ku Kabende
na kwa Sokontwe

Ifishilano ku Kabende
na kwa Sokontwe

compiled by Bernhard Udelhoven

FENZA Publications
first printed and distributed: 2004

date of present publication:
2015

Udelhoven, Bernhard.
Ifishilano ku Kabenda na kwa Sokontwe
ISBN-10: 1515313948
ISBN-13: 978-1515313946
eStore: https://www.createspace.com/5648786

This book is the reproduction of a photocopied manuscript of 2004.

Ukulembwa kwa kano katabo

Kano katabo kalembelwe mu 2004 mu Kasamba Parish mu calo cakwa Kalasa Mukoso, ba Mushili Mufwaya na ba Sokontwe pakuti imilandu ya fikolwe fyesu isungwe. Abantu mwa Kasoma Bangweulu na mwa Mulakwa na bena baipamfishe mukutwafwilisha pakuti imilandu ya Bena Kabende isungwe konse konse.

Ifishilano fya fikolwe fyesu fingi. Mu mabala yesu tulasanga amalongo, mifwi na mabwe ayalinga nge mpelo. Kabili mu ncende shesu muli ifimuti ifingi fya ntambi pamo ne fishiba uko bakapepa bapupila mpaka na pali lelo ukulingana ne ntambi ishisungilwa mu mikowa ne mikowa. Amashina ya mimana yesu pamo na mashina ya ncende shesu yalatupapusha eico abengi bengatemwa ukwishiba icalengele ukwinika incende shesu na aya yene mashina. Nomba nga twaipusha abakulu pali ifi fintu tulasanga ukuti nabo bene abengi basapika fye mukulondolola utwa pa mulu. Nangu abasangwa ne mfwi pa mitwe yabo pali lelo abengi bafilwa, abati "fwebo twalicepa! Ba Chite na ba Kantwa e balelondolola, nomba balifwa." Pali lelo takwaba nsaka pakuti tufundwe imilandu ya kale. Insaka ya lelo: citabo.

Kanshi pakulemba kano katabo mu Kasamba Parish twalipela umuntu onse nsambu ya kulondolola ifyo aishiba. Muli cila Senta twakonkele abakulu; kumo kumo twapangile utubungwe twa ntambi. Abengi balitukoselesha mu nshila ishingi pakuti akatabo kalembelwe. Bamo bamo baambile abene ukulemba nokutupela ututabo pakuti fyonse fipange icitabo cimo. Na bashamfumu shaiposelemo.

Abalembele kano katabo kanshi bengi. Umuntu umo pali lelo teti alondolole ilyashi eka, iyoo, kano bonse baikatana. Nomba ifishimikwa filapusana mu ncende shesu. Bamo bashimika umulandu mu musango umo, bambi mu musango umbi.

Twisosa bwangu atuti: "Kanshi aba tabaishiba!" Kano katabo kapalana ne tebulo, nabanshikapo ifyakulya ifingi ifyalekanalekana ifiletelwe ku bantu abengi. Bambi tabalya imilonge, bambi tabalya nkumba. Twiilishanya pa fintu tushilya nomba tutashe pa fintu ifitusekesha. Nga mwasanga fimo fimo mwibuku ifishili bwino, mwisula fyonse. Cikulu mukatwebe ifilubene pakuti tukawamye ilyashi kuntanshi. Ifilubo fimbi fyalengelwe kuli ine neka, Fr. Benati, pantu pakulemba elyo na pa kubika fyonse ca pamo, kulaba ukuputula kumo nokulundapo kumbi olo ukupusa olo kushitesha bwino pafyo balondolwele abakulu.

Tuli ne fitabo fimbi fimo ifyalembelwe akale mu lulimi lwesu, maka maka ku Bwaushi na ku Ng'umbo na ku Chilubi: "*A History of the Baushi*" (Barnabas Chimba), "*A History of the bena Ng'oma*" (Father Labreque), na "*We Sumbu Lyandi Lala: Tumone Milile Ya Bakaya*" (Reinhold Bloching) pamo ne fitabo fimbi. Kanshi imilandu ingi balilondolola busaka busaka. Mukukana fusha amalembo tatwaingisha mu citabo cesu imilandu iyalembelwa libela mu mabuku yambi. Twaingisha fye imilandu ishalembwa kumbi, maka maka imilandu ya ku Kabende na mwa Sokontwe, pantu balitulekelesha mu mabuku yambi.

Nga mwasanga imilandu yenu tailaingilamo, te mufulo Mukwai, kukana ishiba fye. Mukatwishibishe pakuti ikengile kuntanshi busaka busaka.

Ni nebo, Father Benati (Kasamba Parish, 2004).

Ababombele pakulemba kano katabo

Ifyaingila mwi buku fyafuma mukwipushisha abakulu abatantikilwe pe samba. Bambi abengi twalilaba amashina yabo. Bamo bamo balifwa pali nomba: Batushe mu cibote, nomba fwebo tulebebukisha mukubelenga muli kano katabo. Abatulondolwele imilandu ni aba: Senior chief Kalasa Mukoso

IV (ba Mulela Abel), chief Kasoma Bangweulu (ba Peter Bowa), chief Mulakwa (ba Mandalena Mulakwa), chief Sokontwe (ba Mary Serenje), chief Mushili Mufwaya (ba Olipa Mumfunte), subchief Kabongo (ba Winta Shapola) pamo ne mpyani yakwe subchief Kabongo (ba Chimbwi), subchief Kafwanka (ba Bwalya Julius), Bana Ngosa Makoloni (Stima), Beluti Mwewa (Kapalala), Benny Rice (Kalasa Mukoso), Bupe Veronica (Kabayi), Chakopo Elisa (Lonta), Changwe Lazaro (Chipota), Checkup Kalasa (Chilongoloka), Chifwaila Emilyo (Yamba), Chiluba Mary Kaluma (Chisakana), Chipe (Chipe/Kapalala), Chisala John (Chisakana), Chisala Songwe (Chitundwa), Chisoni Mulewa (Kamanda), Chitambala Loni (Malawi), Chonde Keyspoke (Yongolo), Eli Taipi (Milenge), Emelya Mwewa (Milenge), Ilamba Aaron (Yamba), Kabongo Lot (Chitundwa), Kalasa Mushili (Chikanda), Kalasa Mpyana Ng'andwe (Samfya), Kalebwe (Musomali), Kambobe Bendedicto (Kasanka), Kaniki Kafupi (Malawi), Kapanda Patrick (Twingi), Kapela (Kapela), Kapepa Elisabeth (Chitundwa), Kasamata Alfred (Yamba), Kasanka (Kasanka), Kashimoto Kaleya (Yamba), Kashimu Akimu (Sokontwe), Kasongo Lemon (Kafubashi), Katoshi Baldwin (Malawi), Kaunga Victor (Milenge), Konkosholo James (Kapalala), Kulela Malisopo (Milenge), Kunda Kosta Alfred (Miyambo), Kupoya Amos (Kalasa Mukoso), Kupoya Mwila (Kalasa Mukoso), Labson Chola (Miyambo), Lemon Edward (Chitundwa), Lumbeta (Kasanka), Lupiya Mucili (Mucili), Lwando Cosmas (Chisakana), Lwando Mulicita (Malawi), Mafuta Kabobola, Makumba Wilson Ciprilliano (Mwelela), Malenga Kasompe (Katena), Mandefu (Kamanda), Mapulanga (Kapalala), Mondo (Mondo), Mubanga Benati (Kapalala), Mukabe Sembulo (Yongolo), Mukoso Saferi (Chitundwa), Muleba Lemon (Twingi), Mulenga Bomas (Chifukaulo), Mumfunte Kapeleko (Chikanda), Mushili Modet (Chapa), Musomali Benedicto

(Musomali), Musonda Joseph Telala (Kasepa), Musonda Martin (Kasepa), Musonda Petronella (Chitundwa), Mutaba Francis (Chinsanka), Mwansa Konta (Kalasa Mukoso), Mwansa Quintino (Yamba), Mwengwe Lise (Musomali), Mweni John (Yongolo), Mwewa Luka Crispino (Chisakana), Mwewa Patricia Maria (Chipundu), Mwewe Ketro (Yongolo), Ndalama Esnat (Chikanda), Ngolo Stephen (Chikanda), Njulai Marianna (Kalundu), Nsamba Zoom (Malawi), Nsombo Luke (Malawi), Sakaria Born (Kasanka), Shapola Nsama (Yamba), Shapola Winta (Yamba), Sondashi Lazaro (Sondashi), Spaida Chiko (Kabayi), Spaita (Chapa), Sr. Judith Nkolonga, Stima John (Kapalala).

Abalembele ututabo utwakwingisha mwi buku lyesu ni aba:

Chief Kasoma Bangweulu (ba Mwewa Peter Bowa): *Ubufumu bwakwa Kasoma Bangweulu*

Subchief Kabongo (ba Simon Ng'andwe): *Ubufumu bwakwa Kabongo*

Francis Mutaba & Lemon Muleba: *Ubufumu bwakwa Mulakwa*

Simon Chilungu: *Intambi sha kale*

Joseph Musonda: *Imilandu ya ku Kasepa*

Aaron Moloshi: *Imilandu ya bena Muti & milandu ya ba SDA*

Amos Yotamu: *Imilandu imo imo ya bena Ngulube*

Mweni John: *Imilandu ya kwi Yongolo na ku Mbo*

Baldwin Katoshi: *Imilandu ya ku Mpeshi na ku Masenga*

Kaniki Kafupi: *Imilandu yakwa Kaniki*

1

Ukwisa kwa bantu nokutolwa kwa mimana

Bantu lisabi likonka menshi. Ici Cibemba tubomfya mukukonkomesha abaice ukulaenda mu nshila na mu mafunde ya bakalamba. Pa muku umo wine ciletufunda umusango umo ifikolwe fyaleendela pa kwisa ku myesu, pantu pakufwaya incende fyalekonka imimana. Akale abantu baleenda sana, nokukokola pa ncende iyoo. Nomba intendekelo ya bantu mu ncende shesu, bonse bafumine ku Kola (Congo). Aba bantu baleisa mu ndupwa ne ndupwa, bamo batangile bambi bakonkele panuma. Ne calengele abantu ukwisa, milandu iyalekanalekana. Bamo baishile mukufwaya incende ya kwikala. Bambi pakubutuka imfumu ishikali, kanshi ku myesu balefisama mu mimana na mu mafunsu. Bambi abene bali abakali ukufuma mu ndupwa sha ku bufumu abakufwaya ifyalo. Bamo balyabukile Ulwapula kwa Matanda elyo balungeme ku myesu. Bambi pakuti bafike baleshoka sana ukupita na kwi Tabwa nangu kwi Lala, ku Bubisa, ku Ng'umbo, nangu ku Lunga eko baleikala nokulafyala abana mpaka abana bakonkanyapo ulwendo lwa fikolwe mpaka baingila na ku myesu; akale abantu baleenda sana mukufwaya ubwikalo bwabo. Nomba ifikolwe fyabo fyonse fyafumine ku Kola.

Kanshi ilya nshita abantu baleishibana maka maka mu mikowa ne mikowa. Akale sana kwena takwaleba abantu abengi ku myesu pa mulandu wa kutina ifiswango nge nkalamo ne mbwili ishafulile nganshi. Kabili kwaleba ukutinana nokutina abalesenda abantu ku busha nangu ukwipaya.

Imfumu sha bena Ngulube pa kwisa ku myesu kumo kumo shasangile abantu abatangilile. Aba bantu tabakwete ubufumu mu musango bwaishibikwa pali lelo, kabili baleikala abasalangana salangana mu ndupwa na ndupwa. "Ubufumu busheta menshi," eico abena Ngulube balipoka incende shesu shonse ku maka ya bufumu. Nomba pakuti umuntu ateke, kano icalo naco cimusuminishe, imipashi ya calo pamo na bekala calo. Eico aba ku bufumu ilingi line bashila imikowa ya bakaya amaka ya kupupa; na pali lelo ukwingi bacili balepupa. Efyo abena Ngulube bapangile na balya bantu icintu cimo no bufumu bumo. Imfumu sha bena Ngulube shali shikali sana na bantu baleshitina, kabili na balwani baleshitina nokulafilwa ukubengilila.

Imimana imbi abantu balecinjanya mukufuta imilandu pantu batweba abati: "icalo cesu caletekwa ku munga we fwafwa", kanshi abantu pakupoka ifyalo balecita ifi: Ulupwa lwabo nga afwa nangu tafwile bwino nangu kwali umulandu, pakufuta imilandu balepela imimana ne fishiba.

Mu calo cakwa Kalasa Mukoso imikowa ine yaishibikwa sana, iyatolele imimana ne milundu: (1) abena Mumba, (2) abena Kasha, (3) abena Ngulube na (4) bena Mpende (ifwe kuno tulebalumbula tutile: abena Nswi). Aba bantu bali na bantu babo nomba intungulushi shafumine muli iyi ine mikowa tulumbwile. Ku Kapata mwa Mulakwa abalipo pakubala: bena Mumba na bena Kasha, epela.

Mu calo cakwa Mushili Mufwaya imikowa ikalamba yamipupile, mikowa cine lubali (7): abena Ng'uni, bena Kani, bena Mumba, bena Mpende, bena Ng'oma, bena Mbulo na bena Ngulube. Aba bena Ngulube te bonse ba ku bufumu, iyoo, pantu na mu mikowa mwaleba ubupusano.

Mwa Sokontwe imfumu sha Baushi abo shasangile mu calo, bamo bamo bali abena Ngulube banabo abatangilile, nomba balya bena Ngulube bantanshi tatwaishiba bwino uko bafumine mu lwendo lwabo nangu ifyo bafikile kuno. Bambi abantu abengi bafumine mwi Lala. Mukwenda kwa nshita ne mikowa imbi yaishilepelwa imilundu ne mimana. Mwa Sokontwe mwena abengi balifumya amano ku mipupile ukutampa ne mfumu Saka Mulando iyapyene ubufumu mu 1928 kabili iyakosele sana mu cilonganino ca bante shakwa Jehovah.

Mwa Kasoma Bangweulu tatwaishiba bwino abantu abasangilwepo libe imfumu sha bena Ngulube tashilaisa. Aba bantu nga eko bali limbi tabafulile sana pantu icalo caletekwa ku nkalamo ne fiswango icakuti nangu mu nshita ya bufumu abantu abengi balibutwike ifiswango, basha fye ifibolya. Bambi batunganya ukuti bashamfumu pakwisa ninshi basangile ukuti abakaya balibutwike pakumona ibumba lya bena Ngulube, nangu ukwipaiwa, nangu kufwa ku malwele nangu kufuma fye abene. Abengi bena batweba ukuti: abena Ngulube pakwisa ku Bangweulu tabasangile umuntu nelyo umo.

2

Ulwendo lwakwa Shichimbanama

Uwantanshi ya kutola imimana ne milundu mu calo ca Kabende nangu tutile uwaishibikwa sana ukucila abanankwe ni Shichimbanama, olo Sikimbanama (olo "Skimba" mukwifya). Uyu Shichimbanama ali umwina Mumba uwaishile no mukashi wakwe Milanshi Chiba na bana abali abena Kasha nangu tutile abena Nsengo. Nico wa lulumbi sana eico no bulondoloshi bulepusana ukulingana ne ncende twikalamo. Kanshi bamo balondolola ukuti uyu Shichimbanama afumine ku Kola. Bambi bena bashimika ukutila afyalilwe mu bulendo bwa fikolwe fyakwe ifyafumine ku Kola nomba umwine afyalilwe ku Chilubi, kanshi Shichimbanama mukwisa kuno alikonkanyepo ulwendo lwa fikolwe fyakwe mukufwaya ubwikalo. Natumfwe kanshi ifyo bashimika imbali shonse shibili.

1. Kanshi ibumba lyakwa Shichimbanama lyafumine ku Kola.[1] Elyo icalengele ukufuma ku Kola, ni pakubutuka ubulwi bwa ba Lunda abo abacimfishe imitundu ingi iyapusana pusana pakufwaya incende apakwikala. Ilyo baishile yabuka umumana wa Luapula baleikala lubali kwa Matanda. Eko basangile ba Matanda na bena Mumba bambi abengi abatangilile akale. Bamupokelela bwino bwino pantu basangile ukuti Shichimbanama ali umutuntulu, takwete ifilubo. Kanshi Shichimbanama ali no mukashi wakwe Milanshi Chiba. Abantu

---

[1] Uwalembele cino cipande ni ba Francis Mutaba aba ku bufumu bwakwa Mulakwa. Twalundapo fye panono pa fintu twaumfwile kumbi.

bambi abengi ne shamfumu shabo balibutwike ukutina abaLunda. Nomba Shichimbanama apo abukile umumana wa Luapula nokuyaikala kwa Matanda ninshi Abalunda tabalaisa, iyoo. Bambi bashimika ukuti Shichimbanama alitangilile sana. Bambi bena bashimika ukuti Shichimbanama pa kwisa ku bena Mumba banankwe kwa Matanda papitile fye imyaka inono na ba Lunda nabo balyabwike umumana wa Luapula nokulungama kwa Matanda.

Ilyo aba baLunda bali tabalayabuka ukufuma ku masamba, kwishilya namfumu wakwa Matanda, ishina lyakwe ali ni Kakowe Shilumbwe, aile kukwimba ifilungu mu mpanga ya mwiteshi. Ali na bantu babili nabo abanakashi. Aba bantu batatu baliketwe nokubatwala ku mfumu ya baLunda. Nomba abena Mumba abengi bakwa Matanda ilyo baumfwile ukuti abaLunda nabaabuka umumana nokwikata namfumu wakwa Matanda, balibutwike nokuyaikala ku fyalo fya kutali ifya ku kabanga. Lintu abantu abengi babutwike ne shamfumu shabo, Matanda ena alishele na bantu bakwe nokwitwala ku mfumu yatekele abaLunda, pali ilya nshita ali ni Mwata Kanyembo Mpemba. Kanshi Matanda balemwita abati: "Matanda cabusha bukaka" pantu e walengele ubukaka ukwingila mu fyalo fyesu pakwabusha abaLunda ne mfumu shimbi ishikali.

Kanshi ishamfumu shimbi shabutwike na bantu bashiko, mwi bumba lyashiko mwasangilwe na mabumba ya bena Kasha elyo na bena Mumba kukuya ku kabanga. Baile fikila kwi Tabwa kwa Puta nokwikalako imyaka inono. Ukulingana nokufula kwa bantu, balifumineko ne bumba lya bantu pamo ne shamfumu shabo shimo. Bapitile mu calo mwa Kalaba-wa-pa-myulu umwaba ne boma lya Mansa. Abena Ngulube kanshi tabalafikako. Nako kwine baikeleko fye imyaka inono. Kanshi aba bantu ifyo balecita pakufwaya incende balekonka imimana, efyo baleishiba ifyalo. Balifumineko nokuyaikala kuntulo ya mumana batila Itandashi. Apa pa mumana uyu epo babashile

amato ayengi. Pa mato yonse ubwakulishepo bwato bwa
mupundu. Aya yene mato emo bapateme ukwisa ponena mu
mumana wa Kasaba. Elyo bakonka umumana waishile
baponesha mu mumana batila Chifunabuli, nomba akale batila
Kamimbi, kabili bapita nokukonka umulonga beta Manga
mpaka nokufika mu mumana ukalamba uwa Bangweulu.

Abena Mumba na bena Kasha ilyo balekene ne shamfumu
shimbi, intungulushi iyalipo pali ilya nshita yali ni
Shichimbanama umwina Mumba no mukashi wakwe Milanshi
Chiba umwina Kasha. Uyu Shichimbanama ali mpofu, lelo
umukashi wakwe e walemutungulula pamo na bandume shakwe
elyo na bena buko bakwe abena Mumba. Umwana umo
umwaume ali ni Lwamba Nsono umbi ni Lwando wa Makonde.
Kanshi lintu baleikala kwa Mpongwe balya baume balelakana
eico Lwamba Nsono alishele kulya kwine kwa Mpongwe,
ibumba lyakwa Shichimbanama lyena kwima. Lintu bafikile
muli bemba wa Bangweulu bakonkele ukukoko kwa kukuso
nokufika pa Kafinsa. Apa batushishepo fye pantu tapali ncende
ine ine, yali fye ncende ya bapalu besabi. Ukufuma apa baishile
pa ncende batila Chindo, napo ni pa Chilila. Lintu bafumine pali
ishi ncende shibili, bapitile pakati ka Chilubi no Lubumbu
nokuyaponena mu mumana batila Lesa Mulumbu napo
tabaikalishepo. Ilyo bafumine pali iyi ncende bailefika pa fishi
fya Bangweulu nangu pa Twina. Ili shina lyalolele mukuti nico
basangilepo imisekese ingi nga mushitu. Lintu baingile palya
batile abati: "Twafisama – takuli nelyo umo ukesatusansa." Aya
yonse amashina yalefuma kuli Shichimbanama.

Lintu bafumine pa Twina, baishile pa Mamba e cilumbu
cintu baleipailapo isabi ilingi no kupalilapo, Shichimbanama e
pakupelapo ishina ati pa Mamba. Kabili bafuma pali iyi ncende,
baya apaleikala ifyuni ifingi. Nefi fyuni bafita ati imiyembe-
embe. Nayo iyi ncende ni pa Chilila. Shichimbanama asha,
ainikapo ishina ukufuma ku fyuni. Kabili Shichimbanama no

mukashi wakwe baya mu Chisale mwa Kambala. Muli iyo nshita ninshi Kambala ashilaisamo iyoo.

Ukufuma mu Chisale, Shichimbanama no mukashi wakwe bakonkele Ichambeshi cafuma pa Lunga no kuponena mu Chambeshi cikalamba. Nomba ilyo bamona imiti no mukuku nao wakula, bapilibuka nokukonka amasamba nokufika pa Mutwamina. Apo epo baikele. Umo monse tamwali abantu iyoo, mwali fye inama sheka sheka. Elyo inkombe iyi yafumine pa Mutwamina yailefika pa Matongo ne Nsalushi no kuponena mwitulo lya menshi pamo ne Ncheta. Shichimbanama ne bumba lyakwe babwelelemo panuma mpaka bayafika mw'Ipandwilo. Napo pali fye apakulepwila isabi. Bafuma mw'Ipandwilo baya pa Kasanse nomba basanga amenshi ayengi e pakufwaya icani ca misanse, uluko, amatete elyo na fimbi. Elyo basanshile pakuti bakamye amenshi nokwikala apasuma, basendama bwino. Ilyo bamona inama ishingi eko bakukila no kwinikapo abati ni pali Chanama pantu babalile ukupita pa Kalausha. Chanama aba mupepi na Mulila. Fyonse ifi fishinshili nangu ifipuma fya muli Bangweulu efyo twalelumbula mu lulimi lwesu. Kabili bafuma pali Chanama na mwana Chanama baisa ikala pa Mutapwe. Ico cali ni munshita ya mainsa, batina abati "kuti twasendwa kuli mulamba", nico amenshi yalifulile, bafumapo. Bambi baile pali Kombwa no kwisa ponena pa Kansenga pa ncende batila Icisengele pamo na Kafukesa.

Ili lyonse Shichimbanama ali fye mu bulendo bwakufwaya impanga ukwakuti bekale. Kabili bafuma pa Chisengele na pa Kafukesa baya mu fishiki. Pali iyi ncende epo Shichimbanama ashile ne fishiki fintu baleipikilapo umulilo. Ukufuma pali iyi ncende kabili bakonka umumana wa Musaba ku masamba ukupita pali Mitungulu no kwikala pakati ke lungu lya Musaba mupepi na Mpumbu na Lwamba. Iyi e mimana iyaitila mu Musaba.

2. Libe tatulaumfwa ulwendo lwakwa Shichimbanama lwa pa lufunsu ne micitile imbi ya lulumbi, ngale natumfwe ubulondoloshi bumbi ubwapusana panono ukulingana ne ncende twikalamo. Kanshi bambi balondolola ukuti Shichimbanama afumine mwifumo mwa Chipakile Bwale, inkashi yakwa Matanda. Kanshi cikolwe cimbi cali ni Chinama, uyu wine uwalangile Matanda incende yakwabuka Lwapula ku makasa eico na lelo abena Mumba basoswa ukwabuka imimana ku makasa apabula ubwato, bali ni ba Yesu. Kanshi ubushiku bumo inkondo yabapumikisha kwa Matanda na bantu bonse babutwike ne mfumu Matanda pamo no mukashi elyo ne nkashi yakwe Chipakile Bwale nabo babutuka, bafisama mu mukanda. Ici cali libe Mwata Kazembe talaisa. Chipakile alikwete abana babili nomba alilabile umo ku mushi. Aima kanshi, abwekela ku mushi, atola no mwana, elyo abwekela ku mukanda uko ashile abanankwe. Ilyo afika ku mukanda asanga bonse tabalimo, afwaya – nakalya, e kusanga umulopa wa muntu uwiketwe ku nkalamo kanshi uyu muntu ali mwana wakwe ulya ashile ne ndume yakwe Matanda. Asuka asanga Matanda amwipusha ati: "Ngo mwana wandi ali kwi?" – "Ni mulya mwine tufiseme, twamusha mu mukanda." – "Kanshi abana bobe wasenda no mukashi obe wasenda, nomba mwana wandi washa, aliwe ku nkalamo – mwa! Kanshi tauli ndume yandi!" Aya ne cipyu, afuma iciyeye. E kuya ku Chishinga uko aupilwa, afyala na bana, nokufwa eko afwilile. Abana bamo bashala, bambi bena baleya kuntanshi: ku ncende twita lelo ku Bwaushi, ku Ng'umbo, ku Luwingu na ku Mpika. Bambi bafikile na kwi Lala. Bambi bena bafikile ku Chilubi.

Kanshi kulya ku Chilubi ku Kawena e ntuntukilo yakwa Shichimbanama (olo Sikimbanama olo "Sikimba") na Milanshi Chiba. Eko baupana kanshi Sikimba talapofula. Ena ulwendo lwamusendele sana tutile fye talefwaya ukwikala iyoo. Eico asha umukashi, aima ne mbwa mukufwaya icalo. Aenda, aenda, asuka afika ku Kapata uko twita lelo ku Chinsanka. Kanshi ku

Kapata asangile inama ishingi ne sabi eico abwekela ku Chilubi, asenda umukashi na bana: "Nalisanga icalo icisuma. Natuleya." Kanshi ilyo baenda bapusana no mwana umo weshina lya Mukabe Kateshi, ashala ku Luapula. Umwana umbi ashala ku Chinsanka, ishina lyakwe ali ni Kabula. Shichimbanama no mukashi na bana bambi bena bakonkanya ulwendo lwa ku Kapata mpaka bafika ku mpela twita lelo ni ku Twingi. Shichimbanama ena nomba aambile ukupofula kanshi lintu bafikile ku Twingi talemona nangu cimo uwalemutungulula ni Milanshi Chiba. Eico Shichimbanama aebele umukashi Milanshi Chiba: "Cino calo conse calo cobe pantu ine nshilemona, nomba webo walishibuka." Efyo atashishe abena Kasha pakumutungulula, mukubapela icalo conse.

Ulwendo pa lufunsu[2]

Ku Kapata Shichimbanama atukilwe nsele ku mwana Lwamba wa Makonde nomba lintu balakana kanshi Milanshi Chiba icifulililwa caba nomba ku mukoshi elyo baima baya kula imitanda pa cishinshi. Kanshi baingilamo mu mutanda, tabeshibe ukuti ni pali sela bakulile. Ubushiku bali mutulo ne cilufunsu caputuka pantu ulya mwaka imfula yalokele sana, caima cileya pa mumana kanshi abantu mu citanda nabalala mutulo. Eico na pali lelo abena Mumba na bena Kasha tulabeta atuti: "ba sela" nangu "bakwa sela". Cabakungulwile mpaka cabatwala kuli Kampolombo pali Mumfipa nangu pa Mufimba. Ulucelo bashibuka. Bali na bana bambi babili abanakashi: Nande Nkotola na Mulewa. Aba bana pakushibuka, baya mu mpanga na mu malungu mukufwaya utwakulya elyo tonse uto basangile batwala kuli wishibo: "Findo fi?" – ba wishi batila abati: "masuku". "Nge ci?" – "kasongole." Nge ci? – "ni cisansa cipose." – "cindo ci?" – "ni nkute", tonse utwa pe lungu ba wishi

---

batwishiba nelyo apofula. Elyo aipusha ati: "kanshi te ku Kapata tuli?" Pantu ifilyo fyo tafisangwa ku Kapata. E kumushimikila abati: "Ina! Pali sela tukulile! Bushiku elo caputuka, cili cikotukungulwila pa mumana, cikoya fye mu mwela, ulo cikoya fwebo tulilele elo catukuposa kwishilya fwebo tatwishibile nangu cimo. Ba tata ku masamba tuli!" Shichimbanama te pakupapa – "alale!", nico bafikile ku masamba, ainika incende ati ni kw' Isamba. Na lelo efyo ikutwa. Abana bambi babili bakwa Shichimbanama nabo baendele pa lufunsu: umo ali ni Kabwala uwali mwaume kabili uwali mukalamba, elyo umbi ali ni Muswema nao mwaume. Abanakashi Nande Nkotola na Mulewa baice babo. Kanshi baambile nomba ukwishiba icalo peshilya, basuka bafika na ku Luapula nomba bafilwa ukuciluka, e kubwekela nomba kw' Isamba, baya na ku Kaongo ku Musaba. Uko kwine kanshi basangilwe ku bena Ngulube lintu baishile mu kufwaya cino calo.

Twalaumfwa kuntanshi ibumba lyakwa Shichimbanama ifyo basangilwe ku mfumu ya bena Ngulube. Nomba pakubala tufwile ukulondolola intuntuko ya bufumu bwa bena Ngulube ngefyo bafumine ku Kola no kwisa fika ku Kabende.

3

Ubufumu bwa cina Ngulube ku Kabende

Pakulondolola ubufumu bwa bena Ngulube tufwile kubwekela ku Kola ku ntendekelo. Imfumu iyantanshi ya cina Ngulube yali ni Chabala-Muwe mwana wakwa Muwe, uwali mwina Mbushi, uwatungulwile amabumba ya bantu mu myendele yabo iya kufuma ku Kola nokwabuka icimumana ca Luapula. Kanshi Muwe ali ni mfumu iyaupile nkashi ya mfumu "Mukulumpe" uwali mfumu ku Buluba. Chabala Muwe e cikolwe cikalamba ca Baushi. Ifi fyonse fyalilembwa busaka busaka mwi buku lyakwa Barnabas Chimba, *A History of the Baushi*.[3] Nomba ifishimikwa filepusana ukulingana ne ncende twikalamo, kanshi kuno twalalemba ifishimikilwa mu ncende shesu, maka make ifishilalembwa mu ma buku yambi.

    Ilyo Mukulumpe afumine mu Buluba na nkashi yakwe Musokotwana, afikile mu calo cakwa Muwe.[4] Uyu namfumu ali na mashina yambi ukulingana ngefyo twapusana mukushimika pantu ishina ilyaishibikwa sana ni Kunda–Kang'onde. Muwe ali mwina Mbushi uwaupile abanakashi aba mu mikowa isano. Umo ali mwina Mumba, umbi mwina Ng'andu mu lupwa lwa ba Bemba, umbi mwina Mbeba, umbi mwina Ng'oma, umbi mwina Ng'ona. Elyo Mukulumpe aile ku musumba. Ilyo bafikile kulya nokutota imfumu, Muwe aipwishe Mukulumpe ati: "Wafuma kwi?" – "Nafuma ku Bukanda ku Buluba, ndefwaya

---

[3] Barnabas Chimba, *A History of the Baushi*, Oxford University Press, 1954.
[4] Uwalembele cino cipande ni ba subchief Kabongo ba Simon Ng'andwe

ubwikalo ndi na bantu abengi." Imfumu Muwe aiti "watesha mailo ndi nokutuma abakuyamona apo mukulile nkambi." Kanshi pakumona amabumba yakwa Mukulumpe, amweba ati: "Ikala, nakutemwa, uli cibusa wandi." Ubushiku ubwalengele bune elyo baitile Mukulumpe no kumweba ati: "Nga balya wali na bena babili abanakashi, bushe bonse bakashi bobe?" Mukulumpe atile "iyoo, we mfumu, umbi ninkashi. Ulipo umusweshi ni nkashi yandi, elyo umbi mukashi wandi." Imfumu Muwe yatile: "Mukamwebe ndefwaya ukumuupa." Elyo Mukulumpe aile asekela fye ati "Owe, nashuka nkakwata ubwikashi bwino." Baile fisha na nkashi yakwe atemenwe iciibi: "nga naupwa ku mfumu tukaleikala bwino ne ndume yandi." Awe, alisumine, aupwa, e pakuputwilako Mukulumpe icalo. Muwe e pakufyalamo umwana umwanakashi muli uyu wine mukashi uwalenga mutanda elyo afyalamo umwaume weshina lya Chabala Muwe elyo na bambi abana abaume na banakashi. Kanshi Musokotwana ali mwina Ngulube. Ilyo bakotele ba Mukulumpe balifwile.

Kanshi Muwe ali ne ngulu yakwe, Makumba. Ilyo Mukulumpe alifwile elyo Makumba aebele Muwe imfumu ukuti: "ulonganye abana bobe bonse mu mikowa yabo pakuti mwime nomba mukufwaya ifyalo." Kanshi atangishe abena Mumba mukusakula inshila umwakupita nokutapuka umumana wa Luapula. Elyo Muwe alonganya abana bakwe bonse kanshi abaposela umupila mu mulu uwacilukwa ati: "Uleanka umupila uyu e ukasenda abantu bonse na bakashala bonse bakasalangane nabo bakaye konse uko balefwaya." Uwankile umupila ibeli lyakwa Musokotwana umwanakashi. Awe, Makumba alikene ne nsai ne myondo tayalilile iyoo, elyo Muwe atile ku bana: "Awe, bwekeshenipo impila ya cilukwa." Pantu aletina ati umwanakashi teti akwate amaka ya kucingilila icintu bwingi ku balwani. Ilyo babwekeshepo awe Chabala aanka umupila elyo ne nsai ne myondo yalila, Makumba akukuma ne calo catenkana ne mpundu abekala calo bonse baula.

Muwe e kweba Chabala ati: "Chabala we mwana wandi, icalo cakusonta ukuti ukasende icalo conse imikowa ne ndimi, pa bantu niwe mukalamba. Kabuye, senda ibumba ili mukatapuke umumana wa Luapula, ukaye ikala ku kabanga. Nga wafika ku Luapula ukaye ita umukalamba obe Matanda, na ena akesakutapusha na bantu ne fitekwa fyonse pamo na iwe." Elyo Muwe abulile ne cipe icikalamba, Makumba, apela umwana Chabala, ati: "ici cipe nakupela e cikalakutungulula na bantu bobe mu calo ico nakulashika ku kabanga. Ukalekonka na mafunde ya cipe ici. Mukasalangane konse, mukaye konse."

Awe Chabala mu bushiku ubwakonkelepo alitewike ne bumba balaya. Lintu afikile ku Luapula inkashi yakwa Chabala aitile mukalamba wakwe: "We ndume yandi Matanda!" Matanda uwali peshilya nao asuka, abatapusha nokubatapusha. Kanshi nga balondolola mukweba ati: "abena Mumba baabuka imimana pa makasa" ici casoswa pantu Matanda aishibe incende ukwakupita ninshi amenshi yalefika fye mu cifuba nangu tutile ku makasa. Kanshi lintu abusha Chabala ne bumba lyakwe ena atashishe Matanda ati "nasambile mukamulonga akanono fye".

Nomba abena Mumba balikwete ne nkama shimbi pakwabuka imimana mukulingana ngefyo bashimika mpaka na lelo abati "abena Mumba baabuka imimana pa mpasa". Ilyo Chabala afikile ku Luapula ninshi Matanda uwali kuno ishilya abulile impasa no kuposa pa mumana, abulile no mwinko eo aleobako nokuyasanga Chabala uwaiminina peshilya na Makumba pa mutwe wakwe. Ilyo batampile nokulapatama ne ng'ombe na makeleta ne mbushi ne mpanga ne fyonse ifyo bali nafyo, efyo Matanda baile na bantu bonse no mwinko eo aleobako. Bafika kwishilya, baikila, elyo Matanda abula ubutanda nokubufunga.

Balaya bonse pa mushi pa Matanda, elyo Chabala alombele ifumo kuli Matanda nokulasa mu mupundu, no mupundu amabula yauma nokulukuta yonse kwamena na yambi ayabishi kanshi ici cine cimuti casanguka cipupilo ica ntambi kwa Matanda. Elyo baile koma inkambi nokwikala.

Papwile imyaka ibili elyo Chabala aeba Matanda ati nomba twaya uko batulashika ku kabanga. Baile fika pa Kashengeneke, bapwilepo umwaka umo. Epafuma ulupili lwamucinga epo aakanine abena Mbeba baya ku masamba ya Luapula. Ilyo Chabala atenwike balaya, baile fika pa Kamansa. Ili shina lyafumine pa kwimba amapanga e kwandwila amansa ati "alale bane, twaandwila amansa", epa kwinika Imansa. Bapwilepo imyaka ine elyo batenwike baile fika pa mumana pali Nambushi apo Imansa yalekanina na Nambushi epakwinika ati: "pano ni pakasha waliko abafula ninkuwa." Bapwilepo imyaka itatu. Bapitile na pa Mabumba apali ubunonshi bwe bumba lya kubumbila inongo ne mitondo epafumine ne shina ili line ilya Mabumba pantu ibumba lyabapo lingi sana. Basangilepo na bantu babalwisha nokubacimfya babepaya nangu ukutamfya. Imikowa ya bantu abasangilweko yena tayaishibikwa. Elyo batenwike balaya e pakufika ku mumana umbi uwitwa Lubende apaba Kalaba-wa-pa-Myulu. Chabala alanda ati: "Nomba twaikala. Pantu efyo bangebele kuli tata imyaka yalipitingene iyingi." Uko kwine afwa nokufwa.

Mulewa Nkalanya Kabende[5]

Libe Chabala-Muwe talafwa kanshi alikwete munyina wakwe we shina lya Mulewa Nkalanya Kabende. Uyu Mulewa nao asendele cipani, aya alefwaya apakwikala. Ali no mwaice wakwe Mwape Nkalanya Kabende. Kanshi ukufumu pa myulu bailefika kwi Itandashi bafwaile ukwabukila ku Ng'umbo lelo balifililwe pa

---

[5] Cino cipande pamo ne fipande fibili ifilekonkapo fyalembelwe ku mfumu Kasoma Bangweulu ba Peter Mwewa Bowa. Twalundapo fye panono ukufuma mu bulondoloshi bwakwa Simon Ng'andwe (subchief Kabongo) na Amos Yotamu.

mulandu wa menshi, elyo babwelele ku cipoka kwa Chama-wa-Buseba, nako kwine batinine amenshi, baima ukwisapona pa Munimbwe, elyo baya mu butali bwa Munimbwe nokufika pa kamibanga, kanshi basanga umumana wa Lucibya, bafikile na pa kamana kambi Akalala-ngabo, elyo bakonkele ukufika uko kailewila mu Lucibya, elyo bakonkele Lucibya baile sanga mumana umbi Umwanda, kabili baile sanga mumana wa Chikanda nokufika pa ntulo ya Musaba nokukonka ku masamba ya Musaba ukufwaya ukwabukila (ukwabela lelo ba Kafwanka) nomba pa mulandu wa menshi bafililwe ukwabuka, elyo baile abuka Lukola nokulushinguluka. Ilyo bafikile pa ntulo ya Kampunda eko bakulile musumba apo bainike ati pano ni pa Builange, icalola mukutila te muntu atulanga – nifwe bene twailanga; batemenwe nganshi pantu basangilepo ifimuti fya miyombo ne ngalati ifyo balesala ifilundu. Batendeke ukulima nokutema pa cifulo cine ico balikokolapo pa mulandu wa kulolela fyakulya ukuti fingapya ukufika pa kusombola.

Bafuma pa Kampunda nokufika pali Milundu elyo baloleshe pe lungu apo bamwene inama, baipeyepo ne nama shibili ku mbwa shintu bakwete. Uko bashile nkanshi yabo Chibabo Mwelwa. Lintu baile mwi lungu kukwipaya inama, pakubwela basangile nkashi yabo Chibabo Mwelwa ilyo asabile bulembe nokupela ng'ombe, ilyo alile alikolelwe, nokufwa afwa. Ba ndume shakwe ba Chitwale-na-Mbalo ilyo babwelele, abebele fyonse ifyacitike elyo basendeme apo pene nokushika umuntu. Ulucelo balimine pa bulendo bwabo nokufika pa Kabende Mushi. Palya Mulewa alandile: "Leteni akabende tutwilemo imbalala" e kwinika incende ati ku Kabende. Balefwaya ukwabukila mu Mbabala nomba tabayabwike pantu batinine fitefwetefwe ifyali mu mulonga elyo bakonkele Akatansha nokufika pa ntulo ya Kampolombo nokufika ku Kapela nokufwaya ukwabukila ku Lupakwe; nako kwine balifililwe elyo babwekelemo kunuma uko bafumine. Elyo batile kuno calo capela elyo bainike ne shina lyakuti ni ku Kapela. Pakubwela baishile fika pa Mufwa elyo bayabwike umulonga wa Mufwa pantu amenshi yali ayepi, elyo baile fika pa Chishiba ca Kasamba apali Chimembe-wa-nkasa ilelo. No kwenda mubutali bwa Kampolombo ukufika ku Twingi, basanga icalo capelela, kwaba fye mumana weka eico bainike ati ku Kapata pantu basanga uko mumana noko mumana.

Elyo bamwene umuntu uwali mu bwato ubwaputuka umutwe, nokumukuta ukufwaya ukubaabushako pa mumana wa Kampolombo. Uyu muntu alitinine ati: "nalimo kuti banjipaya." Elyo batile: "tatwakwipaye, iyoo", elyo bashamfumu balemwita, baiminine fye ne mpoko nangu imyele mu minwe yabo, lelo tabali nokumwipaya iyoo. Elyo basontele mpoko mu mulu, ukulanga umusango wa kulapa: "sotwabushe twalakulipila", elyo atampile ukulabaabusha elyo bamwebele nakabili ati: "ukese twabushako." Bafikile pe lungu bamwene nama ishingi elyo bamwene mpanga. Panuma babwelele ku numa uko bafumine nokusanga uyu muntu uwabaabwishe nokubaabusha nakabili, elyo bamulipile nsalu ya cikuwe. Kanshi uyu muntu talandile umukowa.

Elyo bashokele ukwisa ku Musenga nokupita ku Chinsanka pamo na ku Bulongwa e kwisa na ku Nkasa ku Kasamba. Pa Kasamba epo baima ukuya ku Mpanta. Bamwene Luapula. Peshilya lya Luapula tapali calo, pali fye ifyani fyeka fyeka. Elyo baendele mu mbali ya Lumpasaye, bafikile pa Katansha. Elyo bafikile pa Kabende Mushi nokuyafika pa Chiti-baluba. Ififulo fimo umo bapitile pakubala emo nakabili babwelele. Panuma ya kubwela ku malungu uko ukwaikala ilelo ba Kalasa-wa-pa-malungu nangu Kalasa Mukoso, nakabili eko bapitile umuku wa cibili mu bulendo bwabo ubwantanshi.

Nkama ya mulonga wa Mano

Babwela elyo basanga umulonga wa Mano, elyo batumine abasha ukuya lengula amenshi nga yatali. Basangile amenshi yalyuma, umusha e pakweba abanankwe ukuti pano tapaba amenshi yonse yalyuma. Elyo cipoma ca menshi caisa nokumusenda na banankwe, abali pa mabwe bena babutuka. Elyo basendeme mu tulo pakubala batembele ntembo e pa kulota ciloto ati: "apa pantu ni pa Mano: pakupitapo kano uli fye tondolo ukwabula ukulanda pantu nga mulelanda ilyo muleyabuka kuti mwapwa bonse." Elyo bayabwike bonse ukwabula ukulanda, bapitile na mu mucanga ukufika pa Citwe ca Nsofu nokumona umumana wa Chayembe, ukukonka umushitu wa Katakwa pali iyi nshita ico balefwaisha sana ukumona cibemba bamwene ilyo bafikile pa Kabende Mushi.

Elyo baile ku mumana no kusamba, awe batemwa icibi pakumona cimana ciletankula mabimbi baikala na batupela basanu, balakusa na makasa, na bantu bonse balasekela abati: nomba elyo twasanga icalo icisuma. Basakile ne nsakwe shakusendamamo. Bushiku bumbi bafikile pali nshiloshi ne tongo lyakusamfya nongo. Kabili bailefika kwi funge ilyo beta ukuti ifunge lya Mwense ukuyafika ku mulonga wa Manga apapelela funge lya Mwense, pantu ishina lye funge lyafumine pa Mwense apaleikala imfumu. Ilyo babwelele ku Manga elyo baishile kula umushi pa Kalongwa pa tupela basanu. E pa cifulo apo batila e pashile Lucele Ng'anga lukasa pebwe (moneni pali picture pesamba). Bamo bashimika ukuti takwali abantu uko baleenda; bambi bena balondolola ukuti abantu epo bali, nomba balibatamfishe ku bena Ngulube abaletinwa sana pa mulandu wa bukaka.

Ulwendo lwa cibili no kulekana

Umwaka umbi baimine ukuya ku bwingi milonga, ukuya balafwaya ifyalo na fimbi. Baendele ukufika ku Lukatashi na ku ntulo ya Musaba nokuyapita kuli Mwansabamba nangu Mwansabantu nokuya ku Kafubashi kwa Mushili Mufwaya uko bakumanine na ba Sokontwe pantu bena bapitile ku Macela, ukwisa ku Lumamya ukubwelela ku Musaba no kwabukila mw'Isamba. E kubwelelamo ku Mwense ukuyamona abantu ne fita ifyo bashile. Mulewa aikele myaka ingi kabili aendawike sana mu ncende ishingi ukufwaya ifyalo fyakwikalamo.

Ukulekana kumo kwacitikile ku Mansa pa Kambili; nomba kwali ukulekana kumbi ukwacitikile ku Bangweulu ku Kabende mu Kabana umwali ifimuti fya myesa, emo balongene, epo bayakanine ifyalo ne mbuto nangu epo basalanganine nokuya mu fyalo ifyo balesanga. Ba mwana Kalaba Lufwaya babwelela ku Bwaushi, Chama-wa-buseba, Kalaba-wa-pa-myulu elyo na Chisunka, abantu aba bonse babwelelemo ku Bwaushi. Ba mwana Kapela Lufwaya babapele ukuteka pa Mwense epo baikele. Ba mwana Chilungu Lufwaya baikala ku Kapela ne Ninge kwa Kalaba Sele. Ba Mwana Mofya Lufwaya babapele Mufwa ne Mpanta, na ba Mukubulo uwatekele icalo ca Mpanta ica mateshi, Lwando Miloke e wafyele ba Kalasa na ba Mushili Mufwaya abateka ku malungu kwa Kalasa.

Bambi balundapo ukushimika ukutila pakusonta uwakushala ku Samfya kwali ifikansa pantu iyi ncende yasekeshe bonse. Mulewa aipwishe ati: "Uleshala pano ni nani?" Kabongo ati: "nine", Kasoma nao ati: "nine". Elyo abakalamba batile abati: "awe, mwilwila icalo. Napateke umo uwakosa nokukosa." Ati: "nine fye" mpaka Kabongo aisa ikala pa Chiti-baluba. Epo Kabongo alimbwile umutaba uo alimbwile ku Nsonga.[6]

---

[6] Ubu bulondoloshi bwafuma kuli ba subchief Kabongo.

Mulewa Nkalanya Kabende ali umo uwabombele ncito ikalamba ukufwaya fyalo muntu alepita no kwenda. Mfumu Mulewa alikokwele, tafwile bwangu mpaka ilyo akotele, elyo Mulewa afwile. Bashamfumu abena Ngulube bonse baishile mukulosha Mulewa.

Lwando Chitabanta

Lintu tabalasalangana kabili libe Mulewa talafwa, fimo fimo fyacitikile ku malungu umwateka lelo ba Kalasa Mukoso na ba Mushili Mufwaya. Kanshi imfumu yantanshi iyaishibikwa ukucila imfumu shonse ku malungu, yali ni Lwando Chitabanta. Abengi basosa ukuti uyu Lwando Chitabanta ali mwipwa wakwa Mulewa Nkalanya Kabende. Lwando Chitabanta e cikolwe cikalamba ca bena Ngulube abateka kwa Kalasa Mukoso na kwa Mushili. Uyo Lwando ali mulunshi wa mbwa ne shina lyakwe lyalola mukulatabanta pantu talefwaya ukwikala nangu ukutusha. Nga asanga icalo cimo ninshi kwima bwangu pakuti asange ifyalo na fimbi. Lwando Chitabanta ali na nalume pa nyendo shakwe shonse, na ku Kapata aleenda na nalume. Pa mulu tushimikile ifyo Mulewa aimine umuku wa cibili mukulola ku malungu, ku Musaba, kw'Isamba, kuli Mwansabantu na ku Kafubashi. Pa ncende ishi shonse abantu bashimika ukuti uwapangile ulo lwendo ni Lwando. Asha nalume uko ali (kwa Kalaba, nangu ku Mano), elyo alola ku malungu. Imbwa shakwe shalemutungulula.

Lwando asanga Shichimbanama

Ifyo icalo ca ku Kabende cafumine mu minwe ya bena Mumba na bena Kasha, caya nomba ku bena Ngulube, mulandu ukalamba sana. Kanshi uyu mulandu ulashimikilwa ukwingi: abena Ngulube, abena Kasha na bena Mumba ubulondoloshi bwabo bwapusana. Kanshi pakumfwa ilyashi bwino ngale mufwile muleteka umutima. Twalamweba nomba ifyo bashimika imbale shonse, pantu kano katabo teti kaputule imilandu; ifwe bonse tatwalipo, tuleshimika fye ifyo abantu abalekanalekana batushimikila, nokufisunga muli kano katabo.

    1. Lwando Chitabantu alelondola impanga kabili imbwa shakwe shalemutungulula. Lintu afikile ku Kaongo kanshi aisasanga amafutankwa ne milamba umo abantu baletola amasuku, emo akonka. Elyo amona icushi, "Eyo, kwaliba na bantu kuno!", apalama e kumona akamulilo kaleaka, asanga Shichimbanama no mukashi wakwe Milanshi Chiba. Abana bakwe bena tabalipo, bele mu mpanga mu kutola amasuku. Asanga Milanshi Chiba ninshi aletwa mu kabende. Lwando abaposha elyo alomba amenshi. Bamupela, kabili bamutina sana. Lwando epa kwipusha ati: "Cino calo mwaikalamo, calo nshi?" – Milanshi pakwasuka nao aipusha ati "ngeco mwasanga tukotwilamo cinshi?" – "kabende" – "Ina, we mfumu, kanshi cino calo mwasanga, calo ca Kabende."

Milanshi Chiba ali umwanakashi umusuma kabili Lwando alemukumbwa. Papita fye akashita akanono ninshi Lwando amufwaya nokumufwaya mpaka alale nankwe. Ici tacaafishe sana pantu mulume wakwe ali mpofu. Ilya nshita Lwando talaishiba abana abanakashi bakwa Shichimbanama. Panuma ya kulala na Milanshi elyo Lwando abasha kulya, aya ku Luapula ku Butwa, nomba nao afilwa ukuciluka mumana, eico abwela. Lintu afika nakabili kwa Shichimbanama e kumona nomba abana bakwe abakashana babili abamonekele abasuma sana, awe bayemba nokuyemba. "Kanshi nabula umukote, nasha abana!". E kuupa nomba mwana Shichimbanama. Uyu mwana ali ni Nande Nkotola nangu Mukolo Nande, umwina Kasha. Nakabili Lwando takokwele uko, panuma inshiku fye ishinono asha umukashi na bena buko, aya mukufwaya ncende na shimbi. Alola nomba ku Kafubashi mpaka abwela mukusenda umukashi wakwe.

2. Tumfwe nomba abena Kasha aba ku musumba ku Kapata ifyo balanda pali uyu mulandu. Ubushiku bumo umulunshi wa mbwa wa kwibumba lyakwa Mulewa Nkalanya Kabende aile mu mpanga mukulunga, ishina lyakwe ali ni Man'gon'go umwina Mwansa. Awe, akonka amakasa, asuka amona ne mitanda peshilya epo aya nokusangapo Milanshi Chiba no mulume wakwe Shichimbanama pamo no mwana wakwe umwanakashi, ishina lyakwe ali ni Nande Nkotola. Awe, acebula na Nande Nkotola, ayamubifya ico wishi wakwe ali ni mpofu. Abwelelamo na ku mushi afumine. Lelo taile shimika ku mfumu, aile sendama fye. Kabili ubushiku bumbi abwelelamo ukuya cita ubucende na Nande Nkokota. E cilya batila umuntu apo atolele fulwe, tabula kubwelelapo. Man'gon'go pakubifya kuli uyu mayo alemutwala mu mpanga pakuti amulange incende yabeshamo amasuku. Ukusunga nkama pa nshita itali kwaliafya! Kanshi ubushiku bumbi Man'gon'go nomba aya shimika ku mfumu Yamba wa Kabende; ilyo ashimika ubusuma bwa mukashana Nande Nkotola, imfumu Yamba wa Kabende (e Mulewa Nkalanya Kabende) yalafwaisha ukuupa uyu mukashana uwawamishe no kulinga kwisano lya mfumu. Pa kumfwa ubusuma bwa mukashana, imfumu Yamba yaimya ifita fyakuya ikata Nande Nkotola. Uyu Nande Nkotola ali mwana wakwa Chifwa. Chifwa e Shichimbanama muka Milanshi Chiba. Alefyala na Nande abana elyo panuma ya mfwa yakwa Yamba, Lwando Chitabanta alipyene mukolo Nande uwali Nande Nkotola. Bambi bena bashimika ukuti uwakubalilapo ukufwa ni Nande, elyo abena Kasha abanakashi bambi bailepyanika Yamba wa Kabende. Bashimika ukuti Nande tafyele umwana iyoo, abafyele abana baice bakwe abamupyene. Apa ubulondoloshi kanshi bwapusana ukulingana ne ncende twikalamo.

3. Bambi abena Kasha balondolola ukuti abena Ngulube lintu baleikala kwa Kalaba-wa-pa-myulu balekwata ababomfi abakutuma mu mpanga mukulunga inama. Mulunshi umo wa mbwa pa kulunga inama, asuka afika na pe Timpi (pa Kaongo) elyo aisamona akacushi. Ati: "ah, nasanga abantu kuno!" Kanshi ulya mulunshi aile fika pa mutanda wakwa Shichimbanama na Milanshi Chiba. Ca cine, amona ukuti uyu mwanakashi ali umusuma sana, Milanshi Chiba. Kanshi abana bonse nabaya mukufwaya ifyakulya. Milanshi amupela ne fyakulya. Uyu mulunshi wa nama kanshi abwekela kwa Kalaba elyo ashimika ukuti kwabapo umukashana umusuma uwingalinga ukuba umusano. Imfumu e kutuma nkombe kuli Shichimbanama ukutila "imfumu ilefwaya ukuupa mwana obe". Ishina lya mfumu tabalumbwile, iyoo. Nomba wishi alikene pantu talefwaya umwana wakwe ukusendwa, kabili aletina bunkole. Efyo nkombe shabwekele kwa Kalaba. Elyo imfumu ine yaima mukuya kwa Shichimbanama; iyi mfumu yali ni Lwando Chitabanta. Ilyo yafika kulya, ca cine pakumona ubusuma bwakwa Milanshi Chiba abifya nankwe, abembuka nankwe, nico mulume ni mpofu, talemona, atota nokutota pantu ni mfumu. Efyo baikala kulya elyo na bana babwela mu mpanga, elyo Lwando Chitabanta pakumona ubusuma bwabo e pakubula umwanakashi umo, Nande Nkotola. Balanda ukuti: "pano tapalingile ukwikala", e kusenda mukolo Nande nokumutwala pa Chilulu uko bakula ne cipango. Pakusenda uyu mukashana umwina Kasha, ninshi calo conse asendele, pantu calipelwe ku bena Kasha ukufuma kuli Shichimbanama mwina Mumba. Eico mukolo wa calo bena Kasha.

Shichimbanama alungama ku Butwa[7]

Ici icakuupa Nande ku mfumu ya bena Ngulube calikalifye Shichimbanama. Abanankwe baeseshe ukumutalalika umutima: "wacindama pantu kuntanshi ukaba umukankala ninshi ni ba kabuya bamulamu obe." Nomba Shichimbanama alisendele ibumba lyakwe nokubwelelamo uko afumine pamo no mukashi wakwe. Bakonkele umo bapitile palwendo lwakufwaya impanga. E kuya ikala pa fishiki apo baikele akale pa lwendo lwabo. Lelo palya pa fishiki basangilepo abantu bambi, baleipailapo imfubu. Shichimbanama abepwishe pa nkuni shabo ne fishiki baleontela umulilo. Nabo aba bantu bamwaswike abati: "ulebepa fye ubufi". Nao Shichimbanama atile: "Cisuma, nga te ine nabalilepo ukwikala pali ino mpanga, tamwakepayapo imfubu nangu imo." Na cine, efyo camoneke mpaka baya nakila Shichimbanama, abapala na mate, bayaipaya ne mfubu shibili ilume ne ikota, bayatula Shichimbanama, nao kabili abapala amate. Naba bantu umukowa wabo bena Mpende. Ilyo Shichimbanama afumine pali iyi ncende aile kuli Kansenga nokukonka Uluapula nokuya pita mukati ke Lala. Abantu abaikele muli iyi ncende babetile abati bena Nsengo. Imifwile yakwa Shichimbanama tatwaishiba bwino. Nomba kumo kumo bashimika ukuti pakumushika bamushikile muli Chale, bemba umo baleshika imfumu sha bena Mumba na shimbi ishalekonka pali Shichimbanama.

Lwando abwekela ku Mano

Nelyo twapusana panono mukulondolola ifyo Lwando aupile Milanshi Chiba, bonse basuminishanya ukuti Lwando takokwele pa Chilulu pantu alefwaya ukulondola ifyalo na fimbi. E kulungama ku Kafubashi na ku Chipota. Bamo bashimika

---

[7] Ici cipande cafuma mu bulondoloshi bwakwa Francis Mutaba na ba Lemon Muleba

ukuti Lwando afikile na kuli Mumbo Tuta. Lintu Lwando ali pa lwendo, awe nalume wakwe afwa, afwila ku Samfya. Batuma abashilika mukufwaya Lwando nomba na bena bafilwa ukumusanga. Lwando nomba uko ali alotele iciloto, amona ukuti nalume nafwa. Ashibuka fye nokwipamfya sana ukubwela. Kanshi balya babomfi abatuminwe mukufwaya Lwando nababwela akale uko bafumine, abati: "Lwando Chitabanta tatumusangile, afwa nokufwa". Papita fye akashita akanono abantu bali mukulosha, ninshi Lwando abwela. Pakubwela atangisha imbwa yakwe elyo abantu bamona imbwa yakwa Lwando, batampa nokwaula utumpundu, elyo Lwando umwine afika, bamumona, batemwa nokutemwa.

Pakumona ulupwa Lwando nomba ayamba ukubepushisha umulandu wa mfwa yakwa nalume, aipusha amepusho ayengi sana, nomba ba wabo bafilwa ukulondolola bwino imfwa ifyo yali. Pantu Lwando balemutina nganshi, eico balandile ukutila: "nokolume aile iciyeyeye mu mpanga mukufwilamo, ifwe tatwishibe uko afwilile." Bambi balangile Lwando uluputa lumo, nomba Lwando alikene ati "awe, te luputa lwa bayama!" Kanshi icitumbi cakwa nalume tacamonekele. Eico Lwando aishibe ukuti: "yama baipaya fye pakuti ulupwa lwesu lupwe, bambi bateke!" Pakusosa ifi abanabo bamufulilwe icibi. Lwando e kubula imbwa shakwe 12 nokushinwensha umuti uwakusanga icitumbi. Shalungama mu mpanga, shaya ukutali, shaya fika na ku Mano. Kulya ku Mano elyo shaiminina pa luputa lwakwe nalume. Elyo alandile ati: "Mano yenu mwe bena Ngulube pa mfwa yakwa yama, kabili pano ni pa Mano!" Apo pene ne cimuti ca Chiti-baluba capilibuka amabula panshi – imishila ku mulu.

Baipaya nsofu elyo Lwando nomba aambile ukusalanganya ulupwa lwakwe pakuti bateke incende shonse shintu alondwele. E ntendekelo ya bufumu bwakwa Kalasa Mukoso na Mushili Mufwaya. Ubufumu bwakwa Mulakwa twalaumfwa kuntanshi ifyo bwapelwe ku bana ba bena Ngulube. Mu bufumu bwakwa Kasoma Bangweulu mwena tabalumbula sana Lwando

Chitabanta. Icikolwe cabo icikalamba nalume Mulewa Nkalanya Kabende.

Amabwe ya ntambi ku Samfya pali Bangweulu "apanyantile Lucele Ng'anga amakasa", nangu apo balekusa ameno ya nsofu.

4

Ubufumu bwakwa Kasoma Bangweulu[8]

1. Mulewa Nkalanya Kabende
2. Chisembe Chamwala
3. Songwe Ntololo
4. Mubundo Nsungwa
5. Nkandu Kafimba Lweo
6. Chibende Chakutwa Manshinka
7. Kwila Kaluba
8. Kasoma Mwewa Chono
9. Kunda Kalowela
10. Laishi Chitabwa Nsenga
11. Peter Mwewa Bowa

Ilyashi lyakwa Mulewa Nkalanya Kabende tulondolwele pa mulu. Ku Bangweulu ba shamfumu basontele Chisembe kukupyana Mulewa ukufuma pa Mufwa. Panuma ya mfwa yakwe, papyene Songwe uwali kusongola minwe ya bantu, afumine pa Mwense. Songwe afwa elyo papyene Mubundo Nsungwa uwafumine ku Mufwa. Mubondo afwa papyene Nkandu Kafimba Lweo uwa pa Mwense elyo pali Nkandu pakonkele Chibende Chakutwa Manshinka. Uwakonkelepo ni Mwila Kaluba. Ilyo Kwila Kaluba afwile uwapyenepo ni Mwewa Chono. Wishi ni Chono umwina Mbushi. Nyina ni Chama Kaluba mwina Ngulube. Mwewa Chono akwete inkashi yakwe

[8] Uwalembele cino cipande conse ni mfumu Kasoma Bangweulu, ba Peter Bowa.

umo, Songwe Bwalya. Nyina ni Mukate Kaluba, wishi ni Bwalya Chilambe, mwina Kasha.

Kale ici cifulo balecita ati ni kwa Mubundo, ishina lya bu Kasoma lya kwilumbanya, ilyo ailumbile ati nine Kasoma wasoma mu lukuta lwa bantu, lyalolele mu bwingi bwa bantu abali mu calo. Ni panuma ilyo nkalamo shaimine mu calo nokutoba icalo na bantu ukubutuka, elyo Mwewa Chono aile ku Mpanta elyo aishile ikala mu Chinama panuma ilyo calo catalele nkalamo shapwa na bantu ababutwike nkalamo bamo balibwelele kabili mu calo.

Ishina lya Bangweulu cimumana, akale balekuta ati: Bangwe elyo balundileko iulu e iulu lya makumbi ekutila mumana wasuntikana no mulu nga twasuntikanya aya mashiwi yonse yalola mukutila Bangweulu eico ishina lya bu Kasoma lyakwilumba, Kasoma Bangweulu ni mfumu iyaikala mululamba lwa mumana, umwine ishina ni Mwewa Chono.

Pa mulandu untu tulandile pa mulandu wa kwima kwa nkalamo imfumu Mwewa Chono akutile Chisala Mfundika uwaishile fundika icalo nangu ukushilika. Uyu Chisala Mfundika afumine kwa Bwalya Mponda ilyo acitile ifi kwali ifintu fimo ifyo akenye ukubomfya, nge mishila ya mpanga pamo ngefi: nkuni sha mufifi, akafulamume, namabelya, umusama, elyo nokukana senda icifinga ca nkuni mu mushi kano ukutula ku mbali ya mushi no kukakula cifinga, fimbi kukana twala mpoto sha mfita ku mumana mukusamfya neci tacalolele mukushilika fye nkalamo sheka lelo ne fibokolo fya mu mumana pamo.

Songwe Bwalya nkashi yakwa Mwewa Chono asendwa mu busha

Songwe nyina mfumu ali umusuma mukumoneka kabili umusweshi, ali mushimbe taupilwe iyoo. Ubushiku bumo baile na banankwe ku mumana mukusamba. Tatwaishiba bwino

umulandu walengele ukumusenda mu busha, pantu bamo batila
mulandu atolele museba wa mataba elyo abalendo abafumine ku
Mukulu bamwebele ati: Waiba amataba! Apo pene bamusenda
ku Mukulu. Bambi nabo batila bamusendele pantu ali umusuma
mukumoneka nomba tatwaishiba uko aba mu mushi baile
pakukana mupokolola. Ndume yakwe Mwewa Chono
alisakamene ukuti nomba ubufumu tabwakalunduluke.

Umwanakashi umo uwali mwina Nyendwa, Mwelwa Mwila,
aipwishe imfumu Mwewa Chono atile: "ine ndefwaya nkaye
poka nkashi yobe Songwe Bwalya uko bamutwala ku busha."
Elyo imfumu yamwipwishe ati: "bushe, ukuyamuleta shani?"
Nao atile: "nkaya muleta." [9] Mwelwa Mwila taupilwe, ali
umushimbe. Nomba Mwelwa Mwila ilyo afikile uko batwele
Songwe, balimutwele ku mfumu no kweba imfumu ukuti afuma
ku musumba kwa Kasoma, elyo ati eshile mukufwaya na mfumu
wakwa Kasoma, epa kumulanga mu ng'anda umwalesendama
Songwe Bwalya. Bushiku bumo baile mukukubomba milimo mu
mpanga, Mwelwa Mwila nao alikonkele ukuti aye mukwafwa
Songwe incito. Pakubwela ku mushi ukufuma mu mpanga bena
bashalile babili panuma, elyo Mwelwa Mwila apandile Songwe
amano yakufyukilamo. Mwelwa Mwila afundile Songwe ukuti:
"ndekukulika akamwando ku kakondo wiisa sendamisha utulo
nomba nga naisa tinta akamwando wisa kwauka iyoo, elyo twise
tufyuke bushiku ukutampa bulendo." Efyo baimine ubushiku.
Akasuba tabaleenda mu nshila pakutina abantu. Ilyo abene ba
ng'anda ulucelo ilyo bwacele basangile nabafyuka, ukwenda
kwabo baleenda mu mpanga bushiku nga bwaila balenina ku

___

[9] Abantu bambi balanda ukuti Kaluba Kalinda ewafyele Mukate Kaluba
nyina wakwa Songwe Bwalya. Kaluba Kalinda ni wishikulu, Mwelwa
Mwila ali umwipwa wakwa Kaluba Kalinda, e watumine mwipwa wakwe
ukukonka Songwe ukuya mukumwafwa ukubomba imilimo uko
bamutwele mu busha, tatwishibe bwino nga ni mfumu yamutumine nangu
ni nyinalume ukuyapoka Songwe.

cimuti. Mwelwa Mwila aleposako sana amano
nokulakonkomesha Songwe ukulaikala bwino pa mampanda ya
cimuti: "ngoleshipula kuti wapona ne nkalamo kuti
shakwikata." Kanshi lyonse mu lwendo lwabo alemusunga sana
ngo walipo umukalamba mu bulendo bwabo. Baishile ponena
kwa Chama-wa-Buseba pa cabu elyo balekuta abaletumpula
isabi elyo baumfwile. E pakuya bamona nokubepusha ico
balefwaya noko bafuma, elyo batile: "tulefwaya Chama-wa-
Buseba, twafuma ku Mukulu kwa Chungu. Bonse babili
bababwishe nokubatwala pakuti babeshibe elyo batile:
"mwibaleta mu mushi kano batale bafwaye umuti
wakubapuputula." Panuma babasendele nokubatwala ku
mfumu ba Chama-wa-Buseba elyo yamwishiba ati ni namfumu
Songwe Bwalya. Ninshi ndume yakwe mfumu Mwewa Chono
talya cakulya iyoo ne ng'oma mu calo tashalelila balilesha pa
mulandu wa cikonko.

Chama-wa-Buseba e pakutuma abantu kuli Mwewa Chono
ukufisha mulandu wa kulondoka kwakwa Songwe. Tasumine
pakumfwa aya mashiwi, elyo atumine abantu ukuya shinikisha
nga cishinka elyo babwelele balandile ku mfumu ukuti fishinka,
ni Songwe, elyo atumine abantu ukuya musenda pa macila,
abantu balecinda ne ng'oma shalila nokusefya mweka mu mushi
mwa Mwamfuli umwali cipango ca mfumu Mwewa Chono.

Mwewa Chono aupile Mwelwa Mwila nge cilambu ico
bamupele pakuyapoka Songwe kumufumya mu busha. Pantu ali
mushimbe ilyo aile poka Songwe, Mwelwa na Songwe bonse
babili baupilwe fye panuma. Ubufumu bwakwa Kasoma
Bangweulu nga bwalipwile ukwabula Mwelwa Mwila mwina
Nyendwa. Abena Nyendwa baupilwe batatu kuli Mwewa
Chono: Umo ali ni Mwelwa Mwila, umbi ni Musamba Mwila,
elyo na nyina uwafyele Mateo Kasoma.

Songwe Bwalya aupwa

Songwe Bwalya umwaume wantanshi aupilweko ni Mabo Chimfusu. Uyu namfumu alefyala fye abana abanakashi beka beka ukwabula umwaume, no mwana wantanshi afyele ni Chisembe Mabo umwana mwanakashi ukufuma ku bena Mumba. Imfumu Mwewa Chono pakumona nkashi yakwe ukufyala umwana umwanakashi tatemenwe iyoo, atamfishe Mabo Chifunsu ati: "Fuma muli nkashi yandi pantu ulefyala abanakashi, pantu bantu bambi kuti baisa poka icalo nga tapali abaume!" E pakubapela mpango. Te uyu mulandu weka: Mabo Chifunsu akwete na umbi umulandu. Alesanguka inkalamo, alecita nga baya na namfumu Songwe Bwalya asanguka inkalamo emukutila ali ni cisanguka ukulasangukila namfumu.

Kabili Songwe Bwalya aupilwe kuli Mundubi umwina Mpende. Mundubi afumine kwa Chitembo uko ukwaba umushi wakwa Mundubi, ukufika ne lelo uyu mushi epo uli. Nomba nakabili Songwe afyele abana abanakashi bane kuli Mundubi, nelyo line Mwewa Chono tatemenwe, nakabili atamfishe Mundubi nokumupela mpango ati pantu na iwe ulefyala abanakashi. Afyele Kwila Mundubi, Nkandu Mundubi, Mukoso Mundubi elyo na Kanungwe Mundubi.

Nakabili abena Mumba balibwelele, Mponda mwina Mumba, afyelemo umwana umo umwanakashi Sukwa Mponda. Nao wine Mponda balimutamfishe pakufyala mwanakashi. Namfumu Songwe Bwalya alefyala fye abana banakashi beka beka ukwabula ndume shabo. Aba bonse bafyelwe mutanda abasandulwile ubufyashi bwa bana abanakashi na baume pamo. Icalengele mfumu Mwewa Chono ukutemwa, ati: "nomba cawama pantu abepwa bandi balefyala na baume, tapakabe abakesa poka ubufumu mu calo cino." Aba bonse ba mwana Songwe Bwalya e basandulula ubufumu bwa pa Mwense.

Bamwana Songwe Bwalya uwantanshi ni Chisembe Mabo umwanakashi uwafyele abana mutanda: abaume babili na banakashi bane. Chitabwa Laishi (e wali mfumu), Chisala Nsenga (mwanakashi), Kalasa Nsenga (mwaume), Mutuba Nsenga (mwanakashi), Sama Nsenga na Chaniputa (mwanakashi).

Uwacibili ni Kwila Mundubi, afyele abana cine lubali: abaume bane na banakashi batatu: Songwe Chitembo (mwaume), Chibale Bowa (mwaume), Kwila Muyabala (mwanakashi), Chama Muyabala (mwanakashi), Chungu Muyabala (mwaume), Kawasa Muyabala (mwanakashi) na Mwewa Peter Bowa, imfumu iteka pali lelo.

Uwacitatu ni Nkandu Mundubi wafyele abana bane: umwaume umo na banakashi batatu: Chisembe Chitambo (mwaume), Mukate Chitambo (mwanakashi), Susana Chisulo (mwanakashi), na Kaposa Chisulo.

Uwakulenga bane ni Mukoso Mundubi, afyele abana mutanda: abaume batatu, abanakashi nabo batatu: Chama Lusaya (mwaume), Mwewa Mashilipa (mwanakashi), Kwila Mashilipa (mwaume), Mundubi Mashilipa (mwaume), Ng'andwe Mashilipa (mwanakashi), Masebe Mashilipa (mwanakashi).

Uwalenga basano ni Kanungwe Mundubi, afyele abana babili abanakashi no mwaume fye umo: Mibenge Mucaca (mwanakashi), Chisanshi Mucaca (mwanakashi), Mwewa Mucaca (mwaume).

Wakulenga mutanda ni Sukwa Mponda wafyele abana babili: mwaume umo no mwanakashi umo: Chama Mapema (mwanakashi) na Mutemba Ungulu (mwaume).

Imfumu ishakonka pali Mwewa Chono

Ilyo mfumu Mwewa Chono yafwile, tapali umwaume wa ku bufumu bwakwe nangu wa mu ng'anda yakwa Mwewa Chono uwingapyanapo pantu bonse bali fye abanono. Chitabwa Nsenga ngo muntu wali mukalamba pali bonse mu mayanda mutanda bamunyina, nao wine tafikile pa mushinku wakupyana bufumu. Pa nshita iyi iboma lyali ku Mansa ukwafumine bwana D.C. (District Commissioner) ukwisa ku bupyani ukufwaya wakupyana, kabili pali ubwafya bwakufwaya umuntu uwakulile. Abalipo abakalamba ni banamfumu mutanda ba mwana Songwe Bwalya, nomba akale takwaleba ukupyanika mwanakashi pa bufumu ngefyo cili ilelo.

Kwali umuntu uwafumine ku Bubisa uwaipwishe ukuti apyane bufumu. Icalengele ukumusenda ukufuma ku Bubisa nico alikwete amaka yakulwisha abalwani mu bulwi nico ali no bwanga bwa cituta bwakucimfyako abalwani, eico imfumu Mwewa Chono yamuletele. Lelo banamfumu balikene ati: "uyu muntu Kunda Kalowela teti apyane ubufumu pantu tali wa munda mwesu." Kwali ubwafya sana pantu pa nshita iyo Chitabwa ali mwaice, eico bwana D.C. alandile kuli banamfumu ukuti "Kunda Kalowela nakula, kanshi pa bufumu takakokolepo iyoo, panuma nga afwa, Chitabwa ninshi nakula elyo akapyane pa bufumu; kanshi banamfumu mwisakamana, ubufumu bwenu mwe bene nimwe, uyu Kunda Kalowela akulasunga fye calo."

Kunda Kowela afwile mu mweshi wa May 1934 elyo Chitabwa apyana mu January 1935, banamfumu bakwa Kasoma bali abanakashi abaishibe imilandu ya bufumu, maka maka Kwila Mundubi, Nkandu Mundubi elyo na Mukoso Mundubi. Balandile ukuti: "nomba tapali umbi alepyana apo Chitabwa nomba nakula ubufumu bwalabwekela ku bene. Chitabwa ilyo apyene nao wine balemwita ishina lya bu Kasoma Bangweulu, lelo umwine amashina yakwe ni Maurice Rice Chitabwa Nsenga. Afyelwe mu mwaka wa 1908 ali ne myaka ya kufyalwa 88 afwile mu 1996 pa 29 March nokushikwa pa 2 April 1996 ku mushitu wa Mano ukulala imfumu ishatekele ubufumu. Atekele imyaka 61 pa bufumu ukufuma mu 1935. Iyi mfumu yalilwishishe sana ubuntungwa, pamo ne mfumu Milambo na Mulakwa bonse bakakilwe mu fifungo pa mulandu wa kulwisha ubuntungwa. Ilyo mfumu icili mu cifungo ku Chilubi, ubuteko bwaile poka munyina wa mfumu ku Chingola uko alebomba mu maini ukwisa ikala pa bufumu. Uyu ali ni Kalasa Nsenga, atekelepo imyaka isano ukufuma mu 1953 ukufika mu 1958. Panuma ya kupoka ubuteko ku babuta emukutila ukukwata ubuntungwa, bashamfumu bonse batatu ubuteko bwa UNIP bwalibabweseshapo amaka ya bufumu mpaka ne mfwa.

Uwapyene ubufumu pali ba Chitabwa, mwaice wakwe Mwewa Peter Bowa. Kanshi balebomba mu fisheries, nomba libe tabalapyana ubufumu balembombela mu cipango ukulapingula imilandu nokulatuma konse ku ma meetings na ku ma seminars pamo, ico mfumu yalikulile nokumona tayalemona bwino. Noyu e mulandu imfumu yasontele uyu mwaice wakwe Mwewa Peter Bowa. Bushiku apyene bwa ma elections ubo bamusalilepo ni pa 17 August 1996.

Icalo cakwa Kasoma Bangweulu

Umushitu ushikwamo imfumu sha pa Mwense pa Kasoma Bangweulu bawita ukuti Mano. Uyu mushitu waba mu musebo uwalola kwa Kafola ku Kabende Mushi, ku Mpanta, kwa Mulakwa. Uyu musebo balewita ati Mwenda Mpama icalola mukuti tamwenda umuntu wa mwenso kano uwapama ukushipa pa mulandu mwalesangwa nkalamo ishingi ne nsofu. Akasuba nga kafika pali 16:00 hours ninshi takuli nangu umo wakwenda mu nshila ya Mwenda Mpama, icalengele na bantu abengi ukubutuka nkalamo nokuya ku fyalo fimbi ni panuma bambi balebwela.

Mfumu Kasoma Bangweulu kale yali mu Chimana mu mushi wakwa Chikonde wa Chimana. Ilyo imfumu yafumine mu Chimana, yaile kula mushi mu Kalengwa pa Mwense pantu pa ncende ilya pali amabwe ayengi elyo bapenike ukuti pa Mwense wa mambwe; apaba na mabwe ayaba pa mumana e Kabwe wa Mwense. Icalo cakwa Kasoma Bangweulu cali cikalamba lubali lwa ku kapinda ka kuso icalo capele ku Manga. Mupaka ne mfumu sha bena Ng'oma wali muli uyu wine mulonga wa Manga ukwashinta Ifunge lya Mwense ilyaba mu lulamba lwa mumana wa Bangweulu lubali lwa ku mulundu ukufuma mu mumana wa Chibinde ukuyafika mu mumana Katongo no mwa Kasoma Bangweulu uyo balepakana nankwe ni mfumu Chitembo. Mfumu Mibenge icalo cakwe tacafikile ku Bangweulu iyoo. Mibenge Mwaushi, aikele ku Bwaushi. Mibenge bamupeleko fye iyi ncende pa Kasanse na Chipepa ilyo alombele kuli Kasoma Bangweulu. No mulandu walengele, mulandu wa munani we sabi ukuti nayo mfumu Mibenge ilelyako umunani. Na kale kwali ukwishibana aba bashamfumu bali bena Ngulube eico Kasoma Bangweulu asumine ukumupela iyi ncende pantu kale umupaka umo bapakanine ni mu Nimbwe.

Mu calo mwa Kasoma mwali fye imishi inono, ni Kalongola, Njipi, Chishimba, Kafola, Kasompe, Kulelwa, Mwamfuli nangu Chimana elyo na Kabanga. Ilelo imishi yapendwa ukucila umwanda umo.

Ishina lya Samfya lyalola mukuti samfya inongo; nayaleta umunani umwaume asenda isumbu nokuteyafye icelu cimo, aipaya ne sabi ilingi sana, abwelela na ku ng'anda, asanga mukashi nasamfya inongo nangu mpoto, umukashi aipika ne sabi, e mwalola ishina lya Samfya, eico beta itongo lya Samfya.

Imishitu ya mfumu ne nkalamo sha ku bufumu

Umushitu wa mano wapalama no mushitu wa Katakwa wa banamfumu abanakashi ekutila na banakashi abafyalwa kuli banamfumu aba bashikwa mu mushitu umo wine naba nyinabo. Nomba umwalola lutambi abana banakashi tekuti bashikwe ku Katakwa ilyo banyinabo tabalapwa kufwa bacili aba mweo, abana bakamba ukushikwa ku mushitu wa banamfumu nga bapwa kufwa bonse, emwalola ulutambi. Kumfwa bamunyina wa mfumu abaume nabo balikwata umushitu wabo pali Mulombwe. Abepwa teti bashikwemo ilyo banyinalumebo bacili no mweo, bonse cimo cine no mushitu wa banamfumu. Kwaba imishitu ine abashikwamo abana bamfumu abaume na banakashi elyo na beshikulu pamo. Abashika banamfumu na bamunyina wa mfumu shinono, aba nshishi bena Kasha na bena Ngo. Balabapela ne ndalama elyo nga aya ku mushi alaya ku ncende imo ukwaba amakombo ya calo, ninshi talafika ku ng'anda yakwe, panuma nga bamunwisha ifyo baleta mufuba, elyo aya ku ng'anda imo uko bamupekanishishe ifyakulya no bwalwa.

Kumfwa imfumu iyaba pa bufumu ekuti ileteka, mu mushitu wa Mano emo shonse mfumu ishaikala pa calo shishikwa ishakwata mukolo wa calo usunga fipe fya calo, amakombo, na fimbi. Ulupwa nangu bamunyina wa mfumu tekuti baye bashikwe ku mushitu wa mfumu. Abanshishi abashika mfumu bena Kani na bena Kasha. Ba Mucaca e bashikile Kunda Kalowela, no washikile Mwewa Chono ni Kabanga, mwina Kani. Abacili abashika e ba Kasoma Munshishi, aba bantu babapela ne fyuma ifingi ne ndalama ukulingana ngefyo balefwaya. Tabafuma ku manda eko balala kumona mfumu nga naibuka ukufuma mu cilindi. Cishimikwa ukuti icishibilo balemona: inkalamo naikala pa nshishi ya mfumu pa mulu wa luputa elyo umunshishi abwelela ku mushi. Imfumu nga tailafuma, tekuti afumeko iyoo; mpaka imfumu ikafume ku cilindi, munshishi nangu kashika tekuti abeye umushishi no mwefu, kabili tekuti atete nengala kanshi kano papita inshita ukufika ku myeshi mutanda elyo bengaya babeya, napo pene pa kubeya ba lupwa lwa bufumu balalipila mpango nefyakulya elyo bamukoma icibeyeshi e kubeya kwine. Imfumu nga yafwa tekuti mulile ng'oma mu calo, ukucinda no bwalwa balesosa ati: icalo na cinama muli fye tondolo. Kale pakusunga imfumu bwino nshiku ishingi baleshisuba umuto welanda na fimbi ifyo balebomfya pakukana umubili wa mfumu ukubola.

Abalendo abalepita nshila ya Mwenda Mpama nga bafika pa mushitu wa Mano balefukama nokutota; ici ni pa manda ya mfumu apalesangwa inkalamo shibili isho baletila ni mfumu. Tashakwete busanso sha calo. Ubushiku bumo Abaushi bamo bashisangile, bashikata nokushibika mu mitonga ico shalemoneka ishilumendo, bena abati: "ni mbwa twatola." Ilyo bafikile pa mushi pa Kulelwa elyo abantu bamwene nokubeba abalendo Abaushi ukubwekeshamo uko bafumishe abati: "te mbwa iyoo, ni nkalamo sha calo." Elyo babwekeshemo. Te ku mushitu wa mfumu kweka kwalesangwa ishi nkalamo. Na ku mushi ku musumba wa mfumu shalesangwa ukwenda mu mishi bushiku, nga mwatalala abantu baleshikumanya. Ishi nkalamo ni ba Chisala Mfundika e shimo shine ne shalesangwa ku Mano, te sha busanso bwa kwimina abantu iyoo, lelo umulimo washiko kutamfya inkalamo shimbi ishingaleta ubusanso ku bantu ukwingila mu calo na ku mumana fibokolo pamo nge ng'wena.

Kabwe wa Mwense, Mwela, Mukolo Chipande

Ifi fintu fifulo ifikalamba ifya ntambi. Kale mu calo cakwa Kasoma Bangweulu mwali bakapepa wa calo balepepa mu fimabwe na mu fimuti ifikulu, nga bapepa abantu nga baya ku mumana kuti baipaya isabi ilingi basosa ukuti limbi baletola fye ilyaleifwila line, cimo fye ne nama sha mu mpanga shimbi shaleifwila ishine. Imfumu yaleimya abantu ukuya mukusowa ibanda apo balekula nsakwe ni pa Katansha tapali abantu mu mulonga. Abantu ku Mpanta kwa Chishimbe na Kabende Mushi kwaleba masumbu ya nama umo baleipaya, bambi ni ku mfuti sha mututila muli Kabangama mwilungu ilyafuma pa Katansha ukuya ku Mpanta emo baleipaya inama sha nja; cila muntu aletula ukulu kwa nama ku mfumu, bambi nga baipeye inama ishingi baletula inama ituntulu.

Pali Kabwe pali cipupilo paleikala nsoka ikalamba. Nga bapepa yalefumyanga ubunga ne nkula. Pamo ishi nsoka shali shitatu, shonse shalikwete mpande pa mutwe pa bushiku bwakupepa, bakapepa baleya no bunga ne nkula elyo limo limo shalekumana pa mumana shonse shitatu.

Chiti baluba

Ici cimuti caba mu nshila ya Mwenda Mpama panono fye ukufuma pa Mano caba mupepi no mushitu umulala imfumu. Ici cimuti icishaishibikwa ishina, amabula cakwata yengi ayapusana pusana e mulandu betila ati cimuti baluba, tacakwata ishina. Na bantu abengi ukufuma mu ncende shimbi basendako fishimba mu bumfisolo pantu calibindwa abantu ukufumyako amabula nokwimbako imishila.

Ifimuti fya ntambi: Chiti Baluba, ku Mano.

5

Ubufumu bwakwa Kalasa Mukoso

Ukulingana ngefyo twaumfwa pa mulu, ubufumu bwakwa
Kalasa Mukoso bwatampile na Lwando Chitabanta. Iyo mfumu
yaleitwa na mashina ayengi. Ishina lyakwe lyafumine
mukulatabanta, nomba ishina lyakwe lya kufyalwa lyali ni
Lwando Chimpusa. Amalumbo yakwa Lwando Chimpusa
mwandini yengi:

Lwando Chitabanta
Lwando wa Mapili
Mushinge-wa-Nswa-na-Macheta
Shikababwa,

pamo na malumbo yambi ayengi ayo twafilwa ukulumbula
muno (pantu nga wafusha amalumbo limbi wasuka watuka
imfumu). Ishina lyakwe lya ku bufumu lyali ni Mushinge-wa-
Nswa-na-Macheta. Imfumu shonse ishapyanine ubufumu
kanshi shaletola aya yene mashina ya malumbo. Imfumu
iyantanshi iyaipele ishina lyakwa Kalasa Mukoso te Lwando
Chitabanta, iyoo, ni Mumbwe Mulela eo Bangeleshi basangile pa
bufumu ukulingana ngefyo tulelondolola pesamba.
    Fwe bantu twatemwa ukwibukisha abantu abantanshi elyo
na bakulekelesha abo twaishiba fwe bene, nomba imfumu
shonse isha pakati tulashilaba bwangu. Eico abengi baibukisha
icikolwe icikalamba ica ntanshi, Lwando Chitabanta, elyo
bakonkanyapo ukupenda imfumu ishakonka pali Mumbwe

Mulela; imfumu ishaleteka pakati ka Lwando Chitabanta na Mumbwe Mulela shena twalishilaba. Nangu pa kupenda ifibolya fyashiko tulapusa pantu imfumu akale shalesela tashaleikala mu ncende imo iyoo. Nangu mukupenda imputa isha pa manda ya bufumu kulaba ukupusa pantu nshishi ishabela kuli Mwansabantu pali lelo tashisungwa bwino ukulingana no mucinshi wa bufumu. Kabili tuli nokwishiba ukuti akale umwina Ngulube onse uwakwete ilinga aleiyumfwila nge mfumu. Pali lelo pakupyana ubufumu tukonka "family tree" nomba akale abena Ngulube abengi mu bukali bwabo baleteka mu musango wa mfumu. Ilingi line ubufumu bwalecinja ukulingana no bukali bwa muntu na maka yakwe yakuteka mpaka Bangeleshi baishile lembesha abo basangile, babika ne mipaka pa ma *maps* yabo, capwa, nomba takuli ukucinja, iyoo.

Abasungu pakwisalembesha bashamfumu mu calo conse balembeshe ba Mumbwe Mulela. E ba Kalasa Mukoso I. Uyu Mumbwe Mulela afwile mu 1910 kabili Bangeleshi pakulembesha ubufumu bamusangile pa cipuna. Umukalamba wakwe ali ni Chalwe Mulela, na Bangeleshi balimulembeshe nga ba Kabongo I. Inkashi shabo ni Lwando Mulela, Kaloko Mulela, Kabesa Mulela (e bali abakalamba) elyo na Chitalo Mulela (kasuli). Nyinabo kuli aba bonse ni Mutaka Bwale.

Pakupenda imfumu ishatekele ku bufumu bukalamba mu malungu, aba ku bufumu basuminishanya mu kweba ati: ukufuma pali Lwando Chitabantu ukuya fika pali Mumbwe Mulela (Kalasa Mukoso I.) imfumu ishikalamba shali shisano (5). Nomba pa mashina yashiko nangu pafyo shakonkana ubulondoloshi bwapusana.

Pakuti tulondolole imilandu ya bashamfumu balya abatekele kale, tulefwaya libela ukulondolola imilandu ya bena Nswi (abena Mpende) pantu e mukowa uwalenga bune (4) mu calo ca Kabende, kabili e bapuswishe banamfumu ba bena Ngulube ku buyeke pakubafisa mu mafunsu. Pamulu tuumfwile ifyo

Shichimbanama ashili ulukuni pa Fishiki elyo ifyo abena Mpende baishilebomfya ifishiki nokupanga ifikansa na Shichimbanama mpaka ulutembo lwaisa putula umulandu. Nomba tulefwaya ukwishibi ntuntuko ya bena Mpende ku Kabende.

Abena Nswi (Mpende) baabuka imimana pa mbashi

Abena Nswi Icalo cabo cabela ku mumana nangu tutile ku Butwa: kwi Yongolo, ku Kalundu, kuli Mwelela, ku Lufwishi. Nomba ifikolwe fyabo fyafumine ku Bubisa mukati kwa Kambwili na kwa Chiunda Ponde. Ifikolwe ifikalamba ifyaishile kuno fyapendwa ngefi:

1. Kabundya Chibale;
2. Shimwila Kasubula;
3. Kabonga;
4. Kalaso Chama.

Aba bonse baume kabili bamunyina. Mukupitana bafikile kwa Chiunda Ponde. Elyo baambile ukutapuka imimana. Pakwabuka babomfeshe magic yabo ya cina Nswi, pantu baabukile pa misana ya nama ya mbashi. Eico tulabalumba mpaka na lelo mukweba ati "Abena Mpende baabuka ku mbashi". Uyu mulandu bambi abena Mpende ifyo balondolola wali ngefi: ico aba bantu pakufika ku mumana balifililwe ukwabuka nico imfula yaliloteke sana. Pa mulandu wa kukana ishiba ifyakucita e kuya ku culu cimo mukweba ati: "ngale tutushepo panono." Baya ku culu ninshi tabaishiba ukuti mbashi imo yafisamamo, pakumona abantu yena nomba yabutuka, yalungama ku mumana wa Luapula, yaingilamo, icili ilebutuka. Abena Mpende te pa kupapa, elyo bamona ati: "Kanshi amenshi yapelela fye ku molu tiyeni bwangu tukonke mbashi!", bakonka, baabuka mumana ku ncende imo ine. E mwalola ukweba ati: baabuka ku mbashi.

Aba bantu kanshi basuka bafika na pa Chibula, pa Mutapwe, mupepi na kuli Kansenga. Nomba ukwingi uko balepitana basangile ukuti takwaweme pa mulandu wa menshi. Ukufuma pa Mutapwe batolele icalo ca Kalundu. Elyo baile ku Mishikishi ku ncende tulumbula ilelo ati Mwelela pa mulandu wa mumana waiko. Bambi bena batila ni ku Mututu. Ukufuma ku Mishikishi baile ku Kasakala. Bamo bashimika ukuti ilya nshita basangile abena Mumba bakwa Malembeka, bambi bena bashimika ukutila abantu bakwa Malembeka ilya nshita ninshi tabalafika. E kwisa kwi Yongolo. Kulya kwi Yongolo baikele inshita itali, bapanga no musumba. Kabili kwi Yongolo nangu ku Kalundu basangilwe ku bena Ngulube. Ukufuma kwi Yongolo nomba ifikolwe fyaambile ukusalangana: Shimwila Kasubula abwekele na bantu bakwe ku Lunga. Kabonga nao akonkele Uluapula mpaka kufika ku Chilubi. Kalaso Chama aile kwa Nsombo elyo ukufuma kwa Nsombo alungeme ku Ng'umbo. Kabundya Chibale ena alishele kwi Yongolo. Pantu kulya kwi Yongolo eko aupile na mfumu wa bena Ngulube. Muli uyu wine namfumu mwina Ngulube afyelemo abanakashi babili: umukalamba amupele ishina lyakwe nao ni Chibale Kabundya, elyo umwaice ni Chungwe Kabundya. Baleikala imyaka ingi kwi Yongolo, nomba uwakulekelesha ukusha umusumba ni Kabundya Chibale, ashako fye icibolya.

Bafisa banamfumu pa lufunsu

Abalwani nomba bapangile ukwipaya abana bakwa Kabundya Chibale nico bali aba ku bufumu. Ifi fipondo tafyalefwaya ubufumu bwa bena Ngulube. Kanshi mukupususha abena Ngulube kwali ukubafisa pa lufunsu mupepi na ku Kalundu kanshi kuno kuli amenshi noko kuli amenshi, abalwani balefilwa ukufikako. Ababombele uyu mulimo bena Mpende nangu tutile bena wishibo. Cila bushiku batapuka mukubasendela ifyakulya. Aba baice bafishile, umo ali ni Chibale Kabundya umunankwe ni Chungwe Kabundya. Bambi balondolola ukutila palya pa lufunsu balebafisa mu mitondo. Bambi balondolola ukuti bunga balesunga mu mitondo pa kubalisha e mwalola ukweba ati: babasungile mu mitondo. Bambi bena balanda ukuti na ku Bwaushi balifishile abana aba ku bufumu mu mitondo pa kubafisa ku balwani pantu ilya nshita balebumba ifilongo ifikulu sana umwakuti abakalamba batatu baleingilamo ne ncende yashalamo.

Balya bakashana lintu bakulile umwina Ngulube aishile balubula ku bena Mpende. Uwabombele uyu mulimo ni Sama, kanshi alipile abena Mpende nsalu imo pakubomba uyu mulimo ukalamba. (Kanshi uyu Chibale Kabundya na Chungwe Kabundya bali ba mulupwa lwakwa Lwando Chitabanta, bamo balanda ati nyinabo ali ni nkashi yakwa Lwando Chitabanta bambi bati mwipwa, nomba icishinka icituntulu tatulasanga.) Ilya nshita ifyalo fyesu fyaambile ukutekwa mu Buyeke. Balya ba Lungwana nico balekwata imfuti, abantu besu baletapwa bwangu, ni porridge fye. Uyu Sama ali mfumu ya lulumbi sana ne cibolya cakwe caishibikwa na pali lelo. Uyu Sama afwile lintu alelwisha aba Yeke nangu aba Lungwana abaishile mukutapa abantu. Bamulashile ne mfuti, afwa nokufwa. Ukushika bamushikile ku manda kuli Mwansabantu. Sama balemulumbula ukutila

Sama uwawama ngo buta bwa cela.

Pa kuumfwa ukuti baipaya Sama, abena Ngulube abengi na bantu babo balisalangene sana. Bamo babwekele ku Bwaushi, bambi baile kw'Isakalya-nama pali Mwansabantu, bambi baile ku Mukolo-Kunda. Sama ali mfumu ukulingana na bwina Ngulube bwakwe nomba imfumu ikalamba iyatekele ilya nshita yali ni Nkuka Mwipi. Kanshi abena Ngulube abafumine mwa Chibale Kabundya baliyambile nomba ukufyalinkana. Nkuka Mwipi wa munda ikalamba, nomba abena Ngulube banabo abengi bamufimbile sana nico balekumbwa ubufumu. Aba mu mafumo ayanono kanshi bapangene ukwipaya Nkuka. Imfwa yakwa Nkuka tayaweme pantu balimwikete nokumuposa mu mutanda pamo no lupwa lwakwe elyo baocele umutanda onse ukusha fye mitoyi yeka yeka.[10] Nkuka Mwipi tashikilwe kuli Mwansabantu pantu icitumbi takwali.

Imfumu imbi iyatekele ku Kabende ni Kaloko. Amalumbo yakwe yali ni

Kaloko-kamutina-ikumbi.

Uyu Kaloko atekele pali Mwansabantu. Kanshi pali ishi shine mfumu shibili tatwaishiba ifingi. Imfumu shimbi ishiumfwika ni Shikababwa na Mushinge-wa-nswa-na-Macheta. Abantu bambi bena bakana pali ishi shibili imfumu, balondolola ukuti aya mashina malumbo yakwa Lwando Chitabanta ukulingana ngefyo tulondolwele pa mulu.

Imfumu iyakonkelepo ukuteka ni Mumembe. Ishina lyakwe lya cifyalilwa ni Chisala Mutaka. Uyu muntu alifyelwe ku bena Kasha kabili aupile mufyala wakwe umwina Kasha. Uyu Memembe e wapele abana bakwe ubufumu bwa ku Kapata. Nalume wakwe ali mfumu ikalamba ku Kabende.[11] Tatwafise ifyo Mumembe apyene ubufumu. Kanshi nalume wakwe pakuti eshibe uwingateka icalo acitile ngeci: Alebula abalumendo aba mu lupwa lwakwe nokusendama nabo pa busanshi bumo na bakashi, ena ukumupesha pakati. Nga asanga umulumendo apilibukila kuli nakulu balolesha nga ifinene, ninshi uyo talingile ukuba pa bufumu. E pakwesha Chisala Mutaka, umwipwa

---

[10] Bambi batila: uo baocele ni Chinto, te Nkuka. Kabili kwali ukoca no mwina Mbushi umo pa mulandu wa lubembo acitile, kanshi apo tatulaishiba icishinka.

[11] Kanshi bambi basosa abati: nalume wakwe ni mfumu Kaloko. Nomba kuli ukutwishika.

wakwe. Ena tacitile ifyalecita abanankwe, tapalamike umubili wakwe kuli nakulu. Alelosha fye umusana kuli nakulu. Ulucelo nalume epa kumweba ukuti: bula imbwa, uye mu mpanga, uye njipailapo utunama. E kuya ipaya musense, abati: "icalo cisuma casesemuka", ayaipaya cinyungi, abati: "cawama, casonta no munwe umo", aipaya imfungo: "icalo cafungana caba mu minwe yakwe". E pakubula nomba icinkonka ico alefwala, amupela ne shina ati: "Nomba mune, niwe Mumembe", ati niwe

Mumembe usongele abalele nyina nja.

Mumembe alikwete abepwa abengi. Nkashi yakwe umo ni Mutaka Bwale, uyu wine uwafyele Chalwe Mulela na Mumbwe Mulela. Amashina yambi ayomfwika sana ni aya: Mungulube, Chilekwa, Chimbwi Chibamba na Kabongo Mulela. Chimbwi Chibamba na Kabongo, mashina ya ku bufumu. Abengi bashimika ukuti mashina ya malumbo yakwa Chalwe Mulela. Bambi batweba abati: Chimbwi na Kabongo baice bakwa Chalwe.

Bonse baleikala na banalume babo mwi linga ilyabelele ku Chisakana eko balekanine. Uwakubalilapo ukufuma mwaice Mumbwe Mulela. Mumbwe alifumineko, aile ku Chatoba Bubenshi. Pakulaya abakalamba bakwe alandile ati: "Nebo nalula! Naya iciyeyeye, uko ndeya mukufika, mukenike ati: ku Chilulu pantu ine nalula!" Nomba ku Chatoba Bubenshi afumapo, ati: "teti njikale kuno." E kuya ku Kapilibila, e kuya nomba pa Chilulu pa ncende ainika ati: "Kuno ni kwa Mumbwe Mulela, pa Chilulu".

Tumfwe bamo ifyo balondolola ukusanduluka kwa malinga ya bena Ngulube. Mumembe na bepwa kanshi balishele kuli Mwansabantu. Kabongo ena aabuka Luapula, aya peshilya nokulwisha abantu kwi Lala nokubaputaula imitwe. Alipangile ilinga pa Tuta apo bainike ati: Akamafwesa. Nomba abakalamba bakwe abashele kuli Mwansabantu bailishenye sana abati: "Ulya muntu uko aya, kuti afuma na kulya, kuti limbi aya kwishilya ku Masenga, bakamwita: Mulala. Kamupokeni!" E pa kwima mukumupoka nokumuleta mwi linga muli Mwansabantu. Ilyo bamuleta, kanshi kwabukile ifikansa, elyo Chilekwa atile: "Kanshi nebo nomba kamfumemo!" E pakwisa ikala pa Kasumbi, atapuka nokwikala mw'Isamba, ateka. Kuli balya abashele kuli Mwansabantu nomba Kabongo kwali ukumutule nsofu eico Chalwe atampile ukulakana na ena ati: "Iwe bakutule nsofu, nebo ne mukalamba iyoo, mwa!" Kabongo e kweba ati: "Awe, kuno kuntu nshikele bwino." E kuya pe Timpi no kwinika ati ni kwa Kabongo. Chalwe Mulela e kuya kula umushi wa Chikonde. Pantu cila muntu ali na bantu bakwe, baya nomba mukwikala.

Mumbwe (Swelelele Mubingala) anwa icilungu ca bantu

Pali aba bamunyina uwalekalipa ukucila bonse, mwaice Mumbwe Mulela. Ne calengele ukukalipa nico alinwine icilungu ca bantu. Ici cine cilungu apokele kwa Mwenda, mfumu iyatekele kwa Mununga. Pakuyako, Mumbwe aile na nalume wakwe Lubungo Chilelwe. Ulya Lubungo Chilelwe alilombele icilungu ca nsofu, Mumbwe ena icilungu ca bantu. Mwenda nomba ilyo bafikile kulya, nao alikwete umuntu uwaikele nkaka mu calo cakwe, kabili uwaleipaya abantu nico nao alefwaya ukuti na ena abe imfumu. Mwenda e kweba Mumbwe ati: "Kanshi mwebo ba Mumbwe Mulela, cawama nebo nga mwanjipaila ulya muntu, nkaka yakwe ipwila abantu muno calo. Ulya nga mwaipaya elyo ningakwata nsambu yakutila ningamipela fyonse ifyo mukonkele." Mumbwe asumina elyo aipusha ati: "Kanshi ulya muntu kuti mwaya tulanga ing'anda yakwe?" – "Tacafishe ico." – "Namukwata imfuti? – "Ee mfuti epo ili." – "Kanshi tuleya ubushiku." Efyo babalekele, basendama, bali fye mu tulo. Ku maca e kuya lisha icitutu ca mfuti mulya mu ng'anda. Balasa ulya uli ku mulilo nomba ulya uli ku cibumba ashala. E kwingila nomba mu ng'anda nokuputula umutwe wa ulya muntu wa nkaka nokutwala kwa Mwenda. Mwenda abebele ati: "Eya, natotela sana. Ici cine, efyo nalefwaya. Kanshi ndi nokumibombela ifintu mwe bene ifyo mukonkele." Abantu mu mushi nabo bene basekelemo sana nico baletina nganshi ulya muntu baipeye. Mumbwe bamupele icilungu ca bantu ubukali. Lubungo Chilelwe bamupele ubukali bwa kwipaya nsofu.

Pakubwela kwa Mwenda elyo ba Mumbwe Mulela batampile ukulapeepa imitima ya bantu, balebikamo ne fyamba. Ninshi nomba akalipa! Aba fye fimbi fimbi. Nga baleta umuntu uwapangile umulandu nangu ndoshi, kumuputwila umutwe nokupeepa umutima. Kabili alikwete umushilika wakwe Mosen, umwina Bowa, nao wine wakutinwa nganshi. Uyu wine e uwaleputula imitwe ya bantu.

Pa mulandu wa kuya nwa icilungu kwa Mwenda tufwile ukulondolola ne lyashi limbi. Abena Kasha abengi nico bapelwe ubufumu kuli Mumembe ku Kapata baliumfwikile nomba nge mfumu. Kanshi kwalipo abena Kasha babili bamunyina, umukalamba ali ni Kabende, umwaume, elyo nkashi yakwe nao wine ishina lyakwe ni Kabende. Kabende aletinwa sana, elyo na Mumbwe Mulela alemutina. Ati: "uyu muntu mwina Kasha kuti atupokolola ubufumu." Kanshi aba bonse bapangile ukuya poka ca pamo icilungu kwa Mwenda, Mumbwe Mulela, Lubungo Chilelwe na Kabende. Nomba nico batinine ubukali bwakwa Kabende, abanankwe balisuminishenye pakati kabo ukumusha kunuma, abati: "uyu muntu alikalipa nomba, tateko mutima, pali bufi nga anwa icilungu!" Ubushiku libe Kabende ali mutulo elyo Mumbwe Mulela na Lubungo Chilelwe baiminine mu bumfisolo, basha Kabende kunuma ninshi nalala mutulo. Ulucelo Kabende ashibuka e kusanga abanankwe tabalipo, awe akalipa nokukalipa. Eico Mumbwe pa ku bwela kwa Mwenda pakuti atalalike Kabende umutima, amwebele ati: "Kanshi

nalaupa nkashi yobe Kabende, twalamucitila nyina musale."
Abena Kasha na kuli Mumbwe Mulela bali e ba mukolo wa calo.

Mumbwe pa mulandu wa bukali bwakwe abakalamba bakwe bonse balemutina nganshi. Nalume Mumembe nao aletina mwipwa wakwe, ati "uyu muntu kuti anjipaya" e kuyakufika mwa Kasoma Bangweulu. Umwipwa wakwe ico afulilwe nalume nico alipele icalo ca Kapata ku bana. Pantu Mumembe talefwaya abepwa bakwe, iyoo, fyonse alepela abana. Ba wabo bena tabamwene bwino imfumu ukusela, e kuyakufika kuli Mumbwe nokumukalipila sana: "Nalume obe alikota nomba nga afwila kunse akakubukila elyo ukafilwa ukuteka." Eico Mumbwe aile kuli nalume mukwipapata. Nalume ena alikene ukubwelela uko afumine, aile nomba ku Kapilibila e kwabela ne linga lyakwe. Mumembe ilyo afwile elyo nomba Mumbwe Mulela apyana ubufumu ubukalamba. Na mashina ya malumbo kabili ya ku bufumu balemulumbula ati:

Swelelele Mubingala

Kalasa Mukoso

E ba Kalasa Mukoso I. Nomba ubufumu bwacinja, kabili ukutampa na Swelelele imfumu shonse shalala ku manda ilesungwa ku bena Bowa.

Kanshi akale ba Kalasa Mukoso balesunga nkalamo ishakusunga icalo ukulingana no lutambi lwa bena Ngulube, elyo ba Kalasa Mukoso bashikulile na kayanda. Kanshi abapondo nga baisa mu calo nangu tutile bacisanguka (pantu akale ifipondo fimbi fyalesanguka nkalamo ku magic yafiko) ninshi ishi nkalamo shalelwisha shilya nkalamo ishishile mpaka shafwa nangu shabutuka ninshi ifi fipondo fyashala fyatipwa fyafwila kumbi. Uyu muntu Mumbwe Mulela mukufyalwa ali mwaice, nomba aletinwa nganshi. Eico abakalamba bakwe nico bamutinine balemushila ubufumu ubukalamba, balandile abati: "Ni uyu wine bikenipo, pantu ubuyeke nga bwaisa, uyu kuti atupokolola." Abangeleshi lintu baishile mukulembesha bashamfumu, bamunyina baleteka ku malinga yabo nomba eo babikile pa bufumu bukalamba abati: "Lembesheni uyo, abe nomba imfumu ikalamba."

Ukutampa na Mumbwe Mulela imfumu shonse shashikilwa kwa Kalasa Mukoso mu manda ilesungwa ku bena Bowa. Imfumu shakonkana ngefi:

Mumbwe Mulela (Swelelele) = Kalasa Mukoso I + 1910

Bokwe Kapesa = Kalasa Mukoso II +1931

Kunda Makololo (Malupande) = Kalasa Mukoso III +1975

Abel Mulela = Kalasa Mukoso IV 1976 – 2004

Bokwe Kapesa ali mwipwa wakwa Mumbwe, kabili ali ni Kabongo II uwapyene pali Chalwe Mulela (Kabongo I). Umwipwa umbi ali ni Mushili Mufwaya. Basalile Bokwe pakuti apyane. Bokwe umwine asalile Malupande pakuti akamupyane, mu 1919 amusendele ku boma ku Ford Rosebury mukumulembesha. Malupande ali mwaice wakwe, pantu nao mwipwa kuli Mumbwe Mulela ukupitila muli nkashi yakwe Chitalo. Malupande aile ku boma mukulembesha Duncan Lonta (nangu Duncan Songwe) nge mpyani. Uyu Duncan Lonta ali mwishikulu wakwe: nkashi yakwe Chitulwe Chisala alifyele nyina Lwando Lungo. Chitulwe Chisala nyina ali ni Kebesa Mulela nkashi yakwa Mumbwe Mulela. Nomba Malupande ilyo afwile mu 1975 basangile ukuti ilya nshita Duncan Lonta ali umukalamba sana nokwenda taleenda, eico babikilepo ba Abel Mulela mwishikulu wakwa Bokwe Kapesa. Mwana wakwa Bokwe (Checkup Kalasa) aupile abena wishi pakufyala Abel Mulela.

Bu Senior chief

Ukulingana ngefyo bashimika, ba Kalasa Mukoso balipelwa bu senior mu 1952. Mu nshita ya kunuma imfumu shonse sha cina

Ngulube shali muli Ushi-Kabende native authority; ba Milambo e bali senior. Lintu bapangile iboma ku Samfya mu calo ca Kabende nomba kanshi balekenye BaUshi na bena Kabende, ba senior nomba bali babili, ba Milambo ku Bwaushi na ba Kalasa Mukoso mu Kabende. Ici cacitikile ku mfumu Malupande Kunda Makololo.

Ubufumu bwakwa Kabongo

Abepwa bonse bakwa Mumembe baliyumfwile nge mfumu, nomba Bangeleshi balembele fye babili: Kabongo na Kalasa Mukoso. Chalwe Mulela pakufwa mwipwa wakwe apyene ubufumu, Bokwe Kapesa. Uyu Bokwe Kapesa alipyene ubufumu bwakwa Kalasa Mukoso lintu Mumbwe Mulela afwile. Ku Kaongo babikilepo nomba Kabelu. Aba bonse batekele kwi Samba. Kabelu pakufwa e kubikapo Lameki. Uyu Lameki nyina ali ni Kaloko Chinganta, nakulu ni Lungo Kaice. Elyo ba Winta Shapola bapyene, elyo ba Simon Ng'andwe. Bakonkana ngefi:

    Chimbwi Chibamba (Chalwe Mulela)

    Kabongo Mulela (Bokwe Kapesa)

    Kabelu

    Lameck Kafwembe

    Mila Shapola

    Simon Ng'andwe

Ubufumu bwakwa Mungulube

Ba subchief Mungulube ba mwi fumo mwa Lungo Kakulu. Uyo mayo twamulumbula mu lyashi lyakwa Kalasa Mukoso. Mungulube uwantanshi uwakuteka ali ni Mwape Nsasaulwa. Uyu Mwape fye e wafumine mwi fumo likalamba. Mwape Nsasaulwa e Mungulube wine. Uwapyene ubufumu panuma ya mfwa yakwe ni ba Kalaba Musebi. Elyo aisapyana ba Nkandu Kopa. Nomba ubufumu kanshi nabusela, bwaya ku nda imbi, ne mfumu shonse ishakonkapo nomba emo shafuma. Uwapyene ubufumu pali ba Nkandu Kopa ni ba Kasongo Kalembeleka. Uwakonkapo kabili uwalenga nomba basano ni ba Douglas Chipulu abalipo pali lelo.

Ubufumu bwakwa Kafwanka

Ba subchief Kafwanka ubufumu bwabo bwafuma kuli ba Milambo. Imfumu iyaishibikwa sana ni ba Kabengele. Baleikala kwa Chilengwa na Lesa ku Nsunga kwa Milambo elyo bapatukana na ba Milambo, bafumako baya muli bu Mpompo uko apangile ne linga. Elyo baile ku Chitutwe. Elyo baile pa Mbereshi, elyo baile ku Musaba ku menso ya nsoka. Elyo baile ku Chitipa. Kanshi Kabengele ali mfumu ya kutina sana elyo balemutula umutulo wa meno ya nsofu kabili ne mfuti na ma luti. Pa mulandu wa mutulo Kabengele alelakana na ba Milambo abamupele ubufumu. Eo abasungu basangile pakwisa teka cino calo nomba Kabengele aletina sana abasungu nokufisama pantu aletontonkanya abasungu ukumupokolola icalo. Kanshi alebomfya imiti mukukana monwa ku basungu. Abapyene pali Kabengele ni ba Makaka (Mwewa Mundye). Ba Makaka pakufwa abengi basalangana. Elyo ba Peter Million bapyana.

Chisakana

Ishina lya Chisakana lyafuma ku mumana uwenda panshi, pamulu pabela ifimuti. Abapupapo bena Kunda. Patile akantu, umwanakashi umo ali na bana babili. Umulume wakwe ali ni mpofu. No mukashi mu kwenda kwa nshita aamba ukupofula. Bapanga nsakwe pa mumana wa Chisakana, nomba ilya nshita uyu mumana tabalainika ishina. Na bantu takulabapo sana, kwali fye impanga. Kanshi abana baleya mu mpanga mukufwaya ifilyo, abafyashi bena kushala pa mutanda. Kanshi mupepi ne nsaka kwabelele icimuti icakunyinapo nga baumfwa ciswango capalama. Ifyo balecita nifi: ishi shibili impofu abana nga baya mu mpanga ninshi kubula ulushishi ulukalamba ulwakwendela mpanga ukutali, nga basanga casakana ku ciswango ninshi kunina pa cimuti. E kwinika kamana ati ni ku Chisakana.

Mupita

Mupita kamana, kanshi ishina lyakako lyafuma ku cisoka ico baleita ciyongolo icalefuma ku Bubisa kanshi caya na kwi Yongolo elyo ukufuma kwi Yongolo e kuya lola ku Bwaushi mpaka capanga ukubwekela ku Bubisa kanshi ku Mupita ninshi eko calepita pa bulendo bwaciko pakuya na pakubwela kabili ici cisoka tabalecimona ku mutwe, abantu balemona fye icimubili kabili balecitina nganshi, e kwinika umumana ati ni ku Mupita.

Pa luputa lwakwa
"Swelelele", Kalaso Mukoso I

Abel Mulela, Kalasa
Mukoso IV

6

Ubufumu bwakwa Mulakwa

Pa mulu twashimika ifyo imfumu ishantanshi sha bena Ngulube shasangile abena Kasha mu calo ca Kabende nokubacita ba mukolo wa calo ukutampa na Nande Nkotola nangu tutile Mukolo Nande. Bafyala abana pamo nga aba: Mwelwa Yamba, Mwansanika Yamba, Chilusa Yamba. Aba bonse bali banakashi, lelo uwalipo umufyashi ni Mwelwa Yamba uwaupilwe kuli Mwansabamba umwina Ngoma e Miloke Bangwa. Abana bakwa Mwansabamba ni aba: Mulewa Mwansabamba, Ng'andwe Mwansabamba, Nkandu Mwansabamba. Umwaume uwalipo pali aba bana bonse ni Mulewa Mwansabamba. Nkandu Mwansabamba e wafyele Chiluba Mwansabamba, nao umwanakashi. Aya mashina yonse mwalaumfwa ku ntanshi nga twaamba ukulondolola ubufumu bwakwa Mulakwa. Pantu ubufumu bwalipelwe imiku ibili ku bena Kasha e mukutila ku bana ba bena Ngulube. Umuku wakubalilapo Lwando Chitabanta apela abana, no muku wa bubili Mumembe nao apela abana. Natumfwe ngale umulandu wakubalilapo ifyo waendele.

Ilyo[12] imfumu Yamba yafwile, ishamfumu shashele pabili ngefi: Chilabi Mula ku Kapata elyo na Lwando Chimpusa ku Kabende. Ilyo imfumu Yamba yafwile ku Kabende takwashele mfumu

---

[12] Uwalembele cino cipande ni ba Francis Mutaba aba ku bufumu bwakwa Mulakwa.

iyoo, pantu umwipwa wakwe Lwando Chitabanta cibe talapyana bufumu bwa ku Kabende aile fye iciyeyeye no bukali pakufwailisha imfwa yakwa nalume pakuti amone uwamwipeye. Aile lobela ku Butumbuka. Kanshi ku Kabende kwashele fye nkashi Chalwe namfumu no mulume wakwe Kanjela e waleteka pakusunga icifulo ca bufumu. Ilyo Lwando Citabanta abwelele ku Butumbuka, asangile nkashi yakwe Chalwe aleteka pamo no mulume wakwe Kanjela pamo na bana bakwe babili, na mashina yabo ni aya: Mumbwe Miloke umukalamba elyo na Kanungwe Miloke umwaice bantu.

Chilabi Mula uwaleteka ku Kapata aumfwile imangu shalila ku Kabende. Awe, shamusakamike elyo atila ati: "nalimo nkashi yandi asanswa, kandeya mupokololeko ku balwani." Aibika na mu bwato, acilinganya umumana wa Kampolombo no kupita mu mumana wa Chisenga, no kupita kabili muli Seba no kufika pa cabo batila Umushika mfumu. Chilabi Mula awe efyo aibikile mu bulendo. Ilyo afika, asanga ukuti ni munyina e wabwela ukufuma ku Butumbuka. Awe, efyo balaposhanya bonse basansamuka nganshi. Elyo Chilabi alaeba munyina ukuti: "ine nomba kuno nshakeseko nkalateka icalo ca Kapata ceka. Naiwe, icalo ca Kabende calo cobe". Awe, bashipwisha fye ukulanshanya na munyina Chilabi bamulanga ne ng'anda umwakusendama, babapela ne fyakulya. Pali iyi nshita Chilabi ali no mwana wakwe Kanungwe Chilabi umwaume. Awe Lwando Chimpusa ico nomba akwata amaka ya bufumu ailumba ne shina lyakuti: nine Mushinge wa nswa namaketa.

Imfwa yakwa Chilabi Mula

Chilabi Mula ilyo bali mukulanshanya na wabo, alisansamwike nganshi eico panuma yamalyashi aile ku ng'anda kuntu bamulangile. Chalwe namfumu nkashi yakwa Lwando Chitabanta aishile eba ndume yakwe ukuti: "Ndefwaya wipaye Chilabi, pantu eshile mukukupoka ubufumu pakuti ateke ifyalo fibili." Lwando alikene ifyalemweba nkashi yakwe Chalwe. Uyu Chalwe namfumu pa kumfwa ndume yakwe akana ukwipaya Chilabi, alikalipe nganshi afula bukushi awe alasa ndume yakwe ubukushi ku menso. Panuma ya ifi fyonse Chalwe ne ndume yakwe Lwando Chitabanta balisuminishenye ukupanga ukwipaya Chilabi. Lintu Chilabi no mwana wakwe Kanungwe nabekala, umukote umo aishileya apo baikele nokukupula icilundu afwele pa mabeya imiku itatu nokupilibuka, aya nokuya. Akale, nga wamona umukalamba aisa apo uli no kwikupula cilundu akwete pa mabeya, ninshi wishibe ukuti apo wikele tapali bwino, walasanswa, fumapo uye kumbi.

Chilabi Mula pakumona ifi aeba umwana ati: "pano tapali bwino natuleya tufyuke." Ubushiku Chilabi Mula no mwana wakwe Kanungwe batampako ukubwelela ku Kapata. Ulucelo ifita fyakwa Chalwe nkashi Lwando Chimpusa fyakonkamo panuma, mpaka nokufika pa mitanda apali abapalu be sabi, baipusha abati: "tapapitilepo abantu babili pano?" Nabo abati: "awe." Elyo babeba abati: "Nga tamwatulange, tulemwipaya bonse." E pa kulanda ati: "nabapita, bele uku." Ifita fyakonkako ulubilo. Cilya basanga Chilabi no mwana wakwe, Chilabi asangukila mwibamba, mwafuma ne nsokoshi yapupuka yaya. E pakwikatilamo umwana ati bamwipaye, elyo umwana atampa ati: "Tata, nafwa!" Chilabi e pakusokoloka ati: teti bepaye umwana, kabanjipaye ne mwine.

Pe bumba lya fita pali ifita fikalamba ifyaletungulula lintu Lwando Chitabanta afumine nafyo ku Butumbuka. Amashina yabo ni aya: Mulopa elyo na Shimukanka elyo na bepwa bakwe babili Mumbwe na Kanungwe Miloka. Lintu baikete Chilabi, Mulopa na Shimukanka basangile ukuti Chilabi takwete umulandu. Elyo umwipwa wakwe Mumbwe e pakumulasa ifumo mu mbafu. Ilyo Chilabi ali talafwa atile: "Kwena nangu mwanjipaya, tamwakateke icalo ca Kapata." Lintu Chilabi Mula afwile, ifita fyalisompweleko umutwe, fyasenda no lubilo.

Panuma fyasendele ne citumbi cakwe no kutwala mu mushitu uwitwa Namwila kwa Chilongoloka. Babulile icitumbi, babula ne nongo ikalamba, emo babika icitumbi ca mfumu. Umutwe bakobeka ku musongole elyo balecinda no kwanga. Inongo na nomba epo yaba kwa Chilongoloka mu mushitu mwa Namwila mu calo mwa Kalasa Mukoso.

Ukufuma palya baipaile imfumu Chilabi Mula, umwana wakwe Kanungwe Chilabi alibutuka no kubwelelamo ku Kapata ukuya ita abantu pamo ne fita fyakwisa pokolola wishi. Ifita fyakwe pamo na bantu elyo na bena buko bakwa Chilabi bonse balimine no kwabuka umumana wa Kampolombo, Chisenga elyo na Seba, mpaka bafika na pa cabu ca mushika mfumu. Bacili mu nshila bamona no mulamba untu bapitilemo, wayabafisha na mu mushitu mwa Namwila, bamona ne cushi ca mulilo kabili baumfwa ngefyo balecinda no kwanga. Ifita fya mfumu Chilabi Mula fyaya shinguluka umushitu wa Namwila. Ifita fyakwa Lwando Chimpusa e pakubutuka. Ifita fyakwa Chilabi nafyo fyasompolako umutwe wa mfumu ico wali ku musongole, fyasenda, fyabutuka afiti: "Mwamwipaya fye, umutwe tamusendele." Fyabwelelamo ku cabu, fyaubika na mu bwato. Nomba apo bashile umutwe wa mfumu tapaishibikwa. Ifita fimo na bena buko bakwa Chilabi Mula abena Chabala balepupa na Chilabi pa nganda aikele. Epo balemwibukishisha.

Chilabi abukila ba bululu bakwe ne calo ca Kapata caya ku bena Kasha

Mu Kabende batampa ukumona Chilabi nga Chiwa. Insoka, imbwili, inkalamo fyabemina. Amabende yaleitwa, ifyuni fileipaya abantu, utusebe mbola tulesoba abantu na fimbipo ifyapusana pusana. Bonse abo ifi fintu fyalecitikila balefwa. Ici e calengele imfumu shonse ishalepyana shilefwa. Abekala calo batampile ukukana umfwila ba shamfumu, bashimapepo pamo na bakapepa. E calengele nomba ukusonta mu lukuta lwa bena Kasha.

Pali iyi nshita yonse ilyo ifi fipapwa fyalecitika, imfumu iyaleteka ku Kabende ali ni Lwando Chitabanta. Ilyo apyene ku Kabende aiinike ishina lya Mushinge-uwa-nswa-na-Maketa. Ili ishina ailumbile ilya pa bufumu. Uyu Mushinge e wali mfumu ya bubili mu Kabende. E wabulile ubufumu nokubupela ku beshikulu bakwa Yamba wa Kabende, abena Kasha, ilyo amwene ifisungusho pantu atontonkenye ukuti: awe nomba natupele fye ku beshikulu ebo balesunga. E pakupela Mulewa Mwansabamba umwina Kasha umwishikulu wakwa Nande uwafyelwe muli Mwelwa Yamba. E wantanshi ukulashika icalo ca Kapata. Mukolo wakwe ali ni Kanungwe Miloke umwina Ngulube. Uyu mukolo ilyo afwile baleteleko Changwa, nao mwina Ngulube. Ilyo Mulewa ali talafwa, ashele na mukolo Nkatya Bwale, umwina Ngulube. Uyu Nkatya Bwale akotele ecalengele Mulewa ukuupa umwanakashi na umbi. Aupile Nkatya Cholwe umwina Chulu. Ilyo Nkatya Bwale amwene ukuti: nomba nakula, abulile imbalo nokupela Nkatya Cholwe ukuba mukolo kuli Mulewa.

Mulewa ilyo afwile papyene umwipwa wakwe Ng'andwe Chiba, nao umwina Kasha. Nakabili lintu Ng'andwe Chiba afwile papyene Chilabi Mukoso Chibokoma. Iyi mfumu yaile fwila ku Lunga lintu yaile mukulwisha inkondo. Lelo icitumbi cena baishile shika ku Kapata ku Chinsanka muno mwine ku Kabende, no bufumu ku Kabende kakwa Chilabi bwapwa ne calo caloba.

Mumembe

Ubufumu bwa ku Kapata bwatampile nakabili lintu Mumbwe Mulela atamfishe nalume wakwe Mumembe mu calo cakwe ukulingana ngefyo tulondololwele pa mulu mu cipande cakwa

Kalasa Mukoso. Uyu Mumembe ishina lyakwe lya cifyalilwa lyali ni Chisala Mutaka. Elyo Mumembe aishile teka icalo ca Kapata atile: mukolo ndefwaya ukumpyanika ni ulya wa mu lupwa lwakwa mukolo Nande, muka Lwando Chitabanta. E pa kumuletela Lungo Chibale, umwina Kasha eo baleita ati: Mpyana Mukolo Nande. Mumembe alifyele abana batatu muli Lungo Chibale, amashina yabo ni aya: Chisala Mumembe, Lwando Mumembe, Lungo Mumembe. Pali aba bana batatu uwalipo umwaume ni Lwando Mumembe.

Ubufumu bwaya ku bena Kasha umuku wa cibili

Palipitile inshita ikalamba nganshi ukwabula ukukwata imfumu ku Kabende ka Kapata. Nomba ilyo aba bantu batatu bakulile, Chisala Mutaka nomba e kubapela icalo ca Kapata, ati: nomba calo cenu, katekeni. Shibo e kubula ikosa lya bufumu nokupela umukalamba bantu ati: "niwe kateke icalo ca Kapata." Ico Chisala ali mwanakashi, abulile ikosa nokupela ndume yakwe Lwando Mumembe ati: teti nteke icalo ne mwanakashi, niwe kateke.

Pakuya mukuteka ku Kapata asendele no mukalamba wabo uo Mumembe asangile mu ng'anda, ishina lyakwe ni Lwando Kabuku, umwina Mpelo ico Mumembe e wamukushishe. Uyu Lwando Kabuku amupele ishina lya bu Lobalo Mumembe.

Ilyo imfumu Mumembe yapele ubufumu bwa ku Kapata ku bana bakwe, umwipwa wakwe Mumbwe alifulilwe sana nokutamfya nalume ku Ninge mu calo mwa Kasoma Bangweulu. Pali ifi abantu bamukalipile ukulingana ngefyo tuumfwile pa mulu.

Ilyo Lwando Mumembe aishile teka icalo ca Kapata, takwete mukolo, iyoo. Aishile fumpula fye muka Muneka Kaonde, Kamfwa Bwanga, umwina Chulu, nokumubika mu cipuna cakwa Nkatwa Cholwe pantu Nkatwa Cholwe e wali mukolo kuli Mulewa Mwansabamba ukupitila muli Nkatwa Bwale umwina Ngulube. Muneka Kaonde alifulilwe nganshi pa kumupoka umukashi. Eico pakumutalalika umutima, Lwando Mumembe elyo abulile umwipwa wakwe Kanengo Bwela, eo apela Muneka Kaonde ukuba umukashi wakwe.

Lwando Mumembe pakwisa mukuteka mu Kapata asendele bankashi shakwe na bepwa bonse. Baishile kula umushi pa Chitali. Elyo pa kusepa amale epo baikatile nkashi yakwe Katula Kabwela ku mbwili. Uyu Katula Kabwela wa mu ng'anda mwa Ng'andwe Chibale umukalamba bantu kuli Lungo Chibale nyina Lwando Mumembe. Lwando Mumembe pa mfwa ya nkashi yakwe alikalipile nokuya kuli bashing'anga. Bamwebele abati: Nico walifililwe ukwibukisha Chilabi ilyo waishile teka amalongo ya calo – kabiye ku bena wiso ba Mushili Mufwaya, bakakusembele inkombo pakupupilamo Chilabi. No wakubalilepo ukushimpa amakombo ni Mpite Bwela mu ng'anda ya tufi umunyelele ba Kalasa. E mwana wakwa nkashi yakwe, umukalamba wakwe Chisala Mumembe. Ukufika na lelo ababaka amakombo ba mu ng'anda mwa Chisala Mumembe na bana abanakashi abashawa cisungu.

Imyaka pakuteka pa bufumu tatwaishiba, twaishiba fye ukutila abasungu ilyo baishile muno calo bamusangile aleteka. Lelo ukukufwa kwakwe ni mu 1926. Mu ng'anda mwine mwa Chisala Mumembe emo Lwando Mumembe asontele umwipwa wakwe uwakumwendelako pa bufumu pantu ena alikotele. Ishina lya mwipwa wakwe ali ni Chibulwe Bwela nangu Chibulwe Kanjela e Pole-Pole. Pole-Pole tapyene pa bufumu, iyoo, afwile mu mwaka wa 1923. Lelo amaka ya kuteka inongo ya calo alikwete no kupisha fyonse nga fyacitika mu calo ngeci – inkalamo nga yafwa mu calo, umuntu nga baipaya nangu mu calo mwaisa utupondo. Ilyo uyu Lwando Mumembe afwile, umwipwa wakwe uwa mu ng'anda mwa Lungo Mumembe (umwaice wakwe) e wapyene pa bufumu. Uyu mwipwa wakwe ali Ng'andwe Mabo e Kayayi nangu Munjilima muka nyina nja, umwana wa bena Ng'uni. Iyi mfumu Ng'andwe Mabo yali iyakalipa nganshi kabili na maka yakuteka. Tayaletina imfumu shinankwe, nangu ishiwi lyakwe lyali na maka kabili ilya kantuka. Abantu balimutemenwe nganshi mukuteka kwakwe. Limo limo talefwala ifyakufwala fya baume banankwe, iyoo, alefwala fye amalangeti ne filundu. Limbi kuti afwele fye icimusoki nga ba Chikundu. Amatwi yakwe nayo balitulile ifipunda ifikalamba nga aba Ngoni. Ali umutali no mubili ukulu nganshi. Amenso nayo yali ayakulu ayakashika.

Imfumu Ng'andwe Mabo ilyo yapyene ubufumu tayakwete mukolo, iyoo. Nao wine afumpwile fye umwanakashi muka Saken Chabwela, Kaongo Chikwanda. Uyu nao mwishikulu wakwa Kamfwa Bwanga, umwina Chulu. Iyi mfumu Ng'andwe Mabo yafwile pa 16th June mu mwaka wa 1952. Atekele imyaka 26 pa bufumu.

Ilyo imfumu Ng'andwe Mabo afwile, paishile pyana umwishikulu wakwe, Mumbwe Pati. Uyu Mumbwe afyelwe ku bena Chulu pa mushi pa Mutakila umwana wakwa Chabu Nkandu, umwina Kasha – nyina wafyele ni Bwale Kalasa, mwana Lungo Mumembe ukufuma mwa Lungo Chibale. Ishina lya bu Mumbwe bamwinike ukufuma kuli shikulu wakwe Kalasa Mukoso – (uyu e Mumbwe Mulela Kalasa Mukoso wa bumo). Nomba ilya pa bufumu balemwita ni Stephen Mulakwa. Uyu Mumbwe Pati nao mukolo akwete, ni ulya washile shikulu wakwe Ng'andwe Mabo. Uyu mukolo ali ni Kaongo Chikwanda. Iyi mfumu Mumbwe Pati yafwile mu mwaka wa 1986, atekele imyaka 34 pa bufumu.

Ilyo Mumbwe Pati afwile uwaishile pyana pa bufumu ku Kapata ni Chisala Pati na kafwa wakwe Mambepa Mwela umwana wakwe umwaume. Uyu Mambepa aishile pyana mukolo Kaongo Chikwanda ilyo imfumu Mumbwe Pati alifwile. Mukolo Kaongo Chikwanda afwile pa bushiku bwa pa mulungu pa 23 May 1999.

Imfumu ishatekele ku Kapata

 Mulewa Nkalanya Kabenda (mwina Ngulube)

 Chilabi Mula (mwina Ngulube)

 Mulewa Mwansabamba (mwina Kasha)

 Ng'andwe Chiba (mwina Kasha)

 Chilabi Mukoso Chibokoma (mwina Kasha)

 Mumembe (mwina Ngulube)

 Lwando Mumembe (mwina Kasha)

 Ng'andwe Mabo (Munjilima) +1952

 Mumbwe Pati (Stephen Mulakwa) +1986

 Chisala Pati (Mandalena Mulakwa).

Ulupwa lwa cina Kasha ku bufumu

Abana bakwa Lungo Chibale ukufuma ku mfumu Chisala Mutaka Mumembe: 1. Chisala Mumembe (mwanakashi), 2. Lwando Mumembe (mwaume), 3. Lungo Mumembe (mwanakashi).

Abana bakwa Chisala Mumembe: 1. Chisala Bwela (e Mpite, mwaume), 2. Kanengo Bwela (mwanakashi), 3. Fumpa Bwela (mwaume), 4. Lubungo Bwela, 5. Chibulwe Bwela (e Pole-Pole, mwaume), Chisala Bwela (e Nsamba Bwela). Uyu Nsamba Bwela baile mukutola amasuku kwishilya lya mumana wa Kampolombo. Nomba pakubwela umwela wabasangile pa mumana. Abo bali nankwe e pa kumuposa pa menshi ati: "Ikata ku bwato mpaka kwishilya." Apo pene aleka ku bwato, ashala afwa. E pa ku mwinika nomba ne shina ati ni Nsamba Bwela.

Abeshikulu bakwa Chisala Mumembe mwa Kanengo Bwela: 1. Chinyanta Mukabe, 2. Chalata Mukabe (e Chibokoma, mwaume), 3. Nkandu Kalumbu (mwanakashi), 4.

Matanda Kalumbu (mwanakashi), 5. Chale Muneka, 6. Nande Muneka (mwanakashi).

Abana bakwa Nkandu Kalumbu: 1. Mwewa Kalukachi, 2. Mwila Nkandu (mwanakashi), 3. Chando Nkandu (mwanakashi), 4. Lungo Nkandu.

Abeshikulu bakwa Nkandu Kalumbu mwa Mwila Nkandu: 1. Nkandu Abelo (mwaume), 2. Twini Matiselo (mwanakashi), 3. Kalumbu Nkandu (mwaume), 4. Kunda Tomo (mwaume).

Abeshikulu bakwa Nkandu Kalumbu mwa Chando Nkandu: 1. Chulu Kosta, 2. Mwewa Kosta, 3. Chate Kosta (mwanakashi), 4. Mulengwa Chiswili (mwanakashi), 5. Kabamba Chiswili (mwanakashi), 6. Mande Chiswili.

Abana bakwa Matanda Kalumbu: 1. Kalimbu Lyacha, 2. Mwansa Lyacha, 3. Chando Lyacha, 4. Pole Lyacha, 5. Mukuba Lyacha, 6. Chisala Lyacha, 7. Chikonde Lyacha, 8. Mulele Lyacha.

Abeshikulu bakwa Matanda Kalumbu mwa Pole Lyacha: 1. Kachushe Mwili (mwanakashi), 2. Kanengo Mwili (mwanakashi), 3. Taba Mwili (mwaume).

Abeshikulu bakwa Matanda Kalumbu mwa Mulele Lyacha: 1. Ng'andwe Lobati (mwaume), 2. Mwansa Lobati (mwanakashi), 3. Musama Lobati (mwanakashi), 4. Matanda Lobati (mwanakashi), 5. Nkandu Lobati (mwanakashi), 6. Chalwe Lobati (mwanakashi), 7. Mutaba Lobati (mwaume), 8. Pole Lobati (mwaume).

Abana bakwa Nande Muneka: Uyu Nande Muneka eo bainika mukolo Nande nangu mpana mukolo Nande: 1. Muneka Mumba, 2. Ng'andwe Mumba, 3. Kanengo Mumba, 4. Mulele Mumba, 5. Kashimbi Chitambala (mwanakashi), 6. Fumpa Chitambala.

Abeshikulu bakwa Nande Muneka mwa Ng'andwe Mumba: 1. Kaloko Chanda, 2. Bwale Mwape.

Abana bakwa Lungo Mumembe: 1. Ng'andwe Mabo
(mwanakashi – e mpyana Lungo Chibale), 2. Ng'andwe
Mabo (mwaume – e Kayayi Mabo nangu Munjilima).
Abana bakwa Ng'andwe Mabo: 1. Pintu Kalasa (mwaume), 2.
Bwale Kalasa (mwanakashi). Pintu Kalasa afwile ne
linso limo ico bamumineko ulupi lyatulika kali nalumu
wakwe Ng'andwe Mabo.
Abeshikulu bakwa Ng'andwe Mabo mwa Bwale Kalasa: 1.
Chisala Pati (mwanakashi), 2. Mumbwe Pati
(mwaume).
Abana bakwa Chisala Pati: 1. Katuishi Mambepa Mwela
(mwaume), 2. Chulu Kondemu (mwaume).

Abena Kasha kwa Kapela

Pakuti tuumfwikishe bwino ilyashi lya bena Kasha aba ku
bufumu ku Kapata, tufwile ukwishiba ne milandu ya bena Kasha
aba kwa Kapela, pantu e bakalamba mukufyalinkana.
Mumembe libe talaupa Lungo Chibale ninshi aupile Mofya nao
wine mwina Kasha. Nao wine balemukuta ati Mukolo Nande.
Muli ena alifyele Kapela Mumembe elyo na Chitupa Mumembe.
Kabili pakulekelesha Mumembe aupile no mwina Ngo, muli ena
afyele abana batatu: Chinto Mumembe (mwanakashi), Chilabi
Mumembe (mwaume) na Lungo Mumembe (mwanakashi).
Bonse baleikala kwa Kapela ninshi wishibo talapela abana
ubufumu bwa ku Kapata. Pakupela abana ubufumu, elyo abengi
balileko ukulingana ngefyo tuumfwile pa mulu. Kapela ena
alikene, ati "ine nshakayeko, nshakafume kuno, iyoo." Mwaice
wakwa Kapela ali ni Chitupa. Ulya Chitupa kanshi aupile
umwina Ngulube, abena wishi, nokufyalamo Chimbini Chitupa.
Kapela Mumembe ena aupile mwina Nsofu uo bainike ati
mukolo Kapela. Afyele Ng'andwe Tisa (mwanakashi), Kopolo
Ng'andwe (mwaume) na Kaniki Ng'andwe (mwaume). Aba

kanshi baikele ku Gelemani mupepi na kuli Mukolo Kunda. Lintu bafumine kulya e kuya pali Nkanga, ne shina lya Nkanga lyafuma pamulandu wa bulwele ubwaishile ilya nshita bwa nkanga (small pox). Pa mulandu wa ubu bulwele bwine baima nakabili nokuya ikala ku Mukanda. Ukufuma ku Mukanda ninshi babwela pali Nkanga. Elyo baile kwi Ipalala kulya kanshi Kapela Mumembe alifwile. Uwapyene pali Kapela Mumembe ni Shilubaba uwa mu ng'anda inono. Nao alandile ati: "Ndi wa ku bufumu." Abwekela kwi shilya mu Chitaba kwa Kapela. Mumembe libe talafwa kanshi alipela abena Kasha aba mu ng'anda ikalamba icalo ca ku Kapilibila, ati: "teti mpele abana bamo icalo ca Kapata elyo bambi bashala fye." Aba bana, awe, batasha nokutasha, bafwaya ne fyabupe efyo basengela wishi imfumu Mumembe. Shilubaba ena aile nakabili ku Chitaba uko afwilile mu 1952.

Chief Mulakwa: Mandalena Mulakwa (Chisala Pati): 1965 elyo mu 2004.

Ba Katuishi Mampepa, mwana wa mfumu Chisala Pati, bakopelwe mu 1992 pamo na ba mukolo wa calo abali abakashi bakwa Mumbwe Pati (Stephen Mulakwa) abafwile mu 1986.

Akalela kwa Mabo Kunda (Kwisamba)

7

Ubufumu bwakwa Mushili Mufwaya

Imfumu Kalasa Mokoso na Mushili Mufwaya banankashi ukulingana ngefyo tulondolwele ukupitila muli Chibale Kabundya na Chungwe Kabundya. Ukulingana na ba ku bufumu, imfumu iyantanshi iyakuteka icalo cakwa Mushili Mufwaya yali ni Lwando Nkombalume. Imfumu ifyo shakonkana nifi:

Lwando Nkombalume

Lwando Makola

Lwando Mumbi

Membe wa linso limo (Shinkumbi)

Lwando Chifyanka

Lumande Chifyanka

Cosimo Chushi Mumfunte

Olipa Mumfunte.

Bamo balundapo ku mfumu isha kunuma Chungwe Mufwaya, abati Chungwe Kabundya afyele umwana umwaume, Chungwe Mufwaya, e mfumu iyantanshi yakuteka. Imfumu imbi ileumfwika ilingi line ni Lwando Mufwaya. Nomba pali ishi mfumu shibili tatwaishiba icishinka. Pantu aya yene mashina yali amashina ya malumbo ayakubomfiwa ku mfumu shonse. Mukutampa na Lwando Makola, imfumu sha kwa Mushili shalelwisha sana balungwana nokubatamfya mu ncende shesu. Eico abantu baibukisha sana imfumu ishakonkele pali Lwando Makola pantu nomba ubufumu bwaambile ukukosa sana.

Ku mimana abena Mumba, abena Mpende, abena Ng'oma, abena Kani, abena Ng'uni, abena Chisenga pamo na bena Ngulube bambi balepupa, kabili mu nshita ya kunuma bamo bamo pali bena baliumfwikile nge mfumu pantu balikwete ibumba lya bantu pamo ne miti na manga na malinga, bamo balepoka no mutulo. Nomba ubufumu bwa cina Ngulube bwalipusene na balya bantu. Pantu imfumu shonse sha cina Ngulube ishakuteka ku Bwaushi na ku Kabende, lupwa lumo lwine. Ubufumu tabwafumine ku muntu umo uwingakosa shani; bwafumine ku lupwa lwa cina Ngulube lonse. Nga watendeka umo, watendeka bonse.

Imfumu ishantanshi shaleteka kwi Isaki. Lwando Makola lintu afwile, uwapyene mwipwa, ni Lwando Mumbi uwafyelwe ku bena Ng'uni. Lwando Mumbi alikwete mwaice wakwe Membe. Uyu Membe alipyene ubufumu pa mfwa yakwa Lwando Mumbi. Bonse babili bafyelwe ku bena Ng'uni. Lwando Mumbi atekele kwi Isaki, nomba lintu afwile bamushikile kwi shilya lya Lumamya.

Mu bufumu bwakwa Mushili Mufwaya mwalesangwa ifitekwa ifingi, mbushi pamo ne ng'ombe emo shali ishingi, eico baletina ukwingililwa. Lwando Mumbi alelwisha nganshi abalwani nokubacimfya. Kabili alikwete magic pa kucingilila imishi mu nkondo. Pantu pakumfwa ukuti abalwani bali mu nshila mukutapa abantu elyo bashingulusha umushi no muti. Abalwani pakufika ku mushi bafilwa ukumona amayanda, basangako fye ifyani nangu ibamba, nangu amenshi, baya nokuya. Pantu no mukolwe aleka ukulila na bana abanono baleka icongo. Ulu lulumbi lwaleumfwika mu bufumu bonse bwa cina Ngulube, te pa Mushili peka. Pantu abena Ngulube balikwete magic yabo ya ku bufumu pakuti bacingilile abantu babo.

Membe wa linso limo

Uwakonkele pali Lwando Mumbi ni Membe nangu Shinkumbi.
Uyu muntu mukupwa kwa bumi bwakwe ali fye na linso limo,
eico balemulumbula abati: Membe wa linso limo nangu Lwando
wa linso limo. Ilya nshita impanga kwa Mushili yali yakwa
Sokontwe. Ubufumu bwakwa Mushili bwaambile ukukula sana
mu nshita yakwa Lwando Mumbi na Membe, pantu aba babili
balelwisha nokusowa imfumu shimbi ishali mu mbali. Nomba
uwalekalipa ukucila bonse ni Membe. Kanshi lintu ayambile
ukulwa elyo aumfwene na Sokontwe ukutila: "We Sokontwe,
ifwe tuli lupwa lumo lwine, kanshi kabiye uleke fwebo ukwikala
kuno." Efyo bapakene ku Chibe.

Kwali umwina Ngulube umo we shina lya Matanga. Uyu
Matanga ali wa lulumbi pantu alicimfishe umu Lala ku Masenga.
Kanshi Membe pakumfwa ululumbi lwakwe elyo asosa ati:
"kammone uwacimfya kwi Lala", aabuka no Lwapula.
Pakumona ukuti Matanga takwete umushi, aisa mweba ati:
"Webo taulingile ukwikala apabula umushi kabili uli mwina
Ngulube webo." E pakumuposa nomba pa mulonga, e
kwisakupanga nomba ilinga kwa Changa Mweo (ku Masenga ku
Congo) na nomba eko lyaba. Elyo Membe akonkanyapo
ukulwisha kwi Lala na kwi Lamba na pa Chiwala alwisha. Pa
Changa Mweo balikokwele sana. Ici icakukokola ku Masenga
nangu tutile kwi Lala e calengele bambi ukwita Membe ati
Mulala.

Ne shina lya Changwa Mweo lyalola mukweba ati: Pano
inshita yonse kuti twasanswa. Bali abakutina pakwikala. Elyo
baingila ku Chiunda Ponde, balwa, baingila na ku Mpika.
Pakubwela elyo bacimfya na ba Lamba. Kanshi ulukakala epo
lwali sana. Ico bashalefwaya ukwingililwa kanshi nga bamona
abantu, kubalwisha epali babengilila. Membe alefwaya
ukucimfya bonse pantu talefwaya umbi ukumwingilila. Nomba
konse uko alwisha ubwafya akwete ni ubu: Abakusha pakuti

bateke takwete, eico alikusha fye ifibolya. Uwakuti abikepo tapali. E kusosa ati: "Apo ifyakucita tapali kambwekele fye kwishilya uko twafumine." E pakubwelapo nomba. Afuma pa Changa Mweo, e kwisa nomba ku Chipota.

Membe acimfya Milambo

Nomba ba Milambo aliumfwile ululumbi lwakwa Mushili Mufwaya elyo aisa mukumulwisha, afilwa nokufilwa. Membe acimfishe Milambo ne fita fyakwe fyonse baipaya. Milambo bamukaka, bamuposa na mwi linga lyakwa Membe. Ba Kalasa Mukoso kulya lintu aumfwile e kwima ulubilo: "ngo yu muntu kuti baipaya shani mwana nyina?" E pakwisa ukwenda no bushiku afika na kwi linga, asanga Membe alikaka ba Milambo, bamwipusha: "Waenda shani?" – "Ni nebo Kalasa" – "Ninshi? Inkondo wakonka?" – "Awe, te nkondo nakonka, bulwi ulwile na mwana noko nakonka pantu naumfwa waipaya Milambo." E pakubeswila ukwingila. "Milambo ndimukakile apa. Abantu bakwe bonse ndilofeshe, tapashele nangu umo, iyoo." Ulucelo ulwakonkele kanshi e pakubasenda ba Milambo nomba, babapele ifita fyakwa Membe mukubatwala ku mushi wabo. Milambo ilyo afikile kulya akutumana: "Membe ancimfya shani nebo ne uwanwine icilungu?" E pakuya kubeba ati: "Mwebo icilungu mwanwene califumuka: pakuti muupe umwina wenu Mukanda epafumukile icilungu cenu mwe ba Milambo pantu mwaliupa lupwa lwenu, ico mwacitile lishiku kuli lupwa lwenu, bafwile kunuma kuli ba Milambo." Nomba ba Milambo bakutumana: "Ne cilungu cili kwisa?" E kubwekela kulya uko banwine icilungu. Lilya banwine ba Milambo e kwingila nomba ku mumana nokulwisha imfumu isha ba Bemba apa, ba Milambo elyo bacimfya, elyo icefu cabwela, "kanshi nacimfya nomba, ico nacitile cilubo kuli ba lupwa bandi pakuti ngupe Mukanda." E kubwekela nomba kwilinga lyakwe.

Kanshi bonse babili ba Milambo na ba Membe bali ne miti iyakubomfya mu nkondo. Mu lulumbi lwabo tabalesendesha ubunga nangu umunani mukulisha ifita. Nga basanga bashilika nabanaka e kubeba ati: "Tusheni nomba, namunaka." Balasa nomba icimuti (ndale) kwifumo nangu ne mifwi, elyo bafumyamo amali ya nkoko na mali yanama. Kumbi kunyanta pa culu nokufumishamo amali. Limbi balesenda fye ubunga, baya bika mwisamba lya cimuti ati: "Mwine masala, utupeleko inama". Mailo bakayasanga ifinama fyakubombotola bombotola fye filya fine. Na pakwabuka Luapula balebula impasa, batambika impasa pa Lwapula nokuninapo na bantu babo. Ifi fintu fyonse fishimikilwa pali Membe na pali Milambo.

Ubukaka bwakwa Membe

Membe alecimfya ukwingi nomba takwete ulupwa nangu bepwa abakusha mu ncende acimfishe. Mu bukaka bwakwe aleipaya abepwa bonse abaume abamonekele abasuma ne mibili iyakosa. Kanshi namfumu onse nga afyala umwana kwaleba ukumutwala kwa Membe, nga asanga ukuti mwaume ninshi kumutwa mwi bende, afwa nokufwa. "Kuti ampokolola ubufumu." Pakubatwila mwi bende balesosa abati: "Kabili tuli bena Kabende!" Umwana umwanakashi ena tabaipeye. Ifipondo kwali ukufiputwila imitwe. Amalumbo yakwa Membe:

> Ne Membe wa ya mutobola kabanda
>
> Shinkumbi lya mutuntuleulu

Imfumu ishakonka pali Membe

Membe lintu afwile, baisa sanga ukuti imfumu sha munda ikulu shonse shapwa kwashele fye abaice. Eico Bangeleshi balefwaya ukubula Mufobo pakuti ateke. Uyu Mufobo alebomba sana na basungu kabili alebatungulula mu milandu ingi. Nomba ba

Kalasa Mukoso balikene sana ati: "teti apyane ubufumu". Elyo babula Lwando Chifyanka uwafumine munda iyaice. Kanshi ubufumu bwasela nomba ukufuma mwifumo likalamba mwa Chibale Mpolomoka bwaya nomba ku nda iyaice ku bafuma mwa Kabesa Musopelo na Bwale Kinda. Uwapyene pali Lwando Chifyanka ni Lumande Chifyanka. Kanshi ishi mfumu shalesunga amakombo mu lufuba ulukalamba; abantu balefikako mukubika fimo mu makombo pakupupa, kabili amakombo yonse yali na mashina yayako; ulukombo lukalamba lwali ni Lwando. Abalesunga amakombo bena Mumba abashaupa nangu abashaupwa. Pantu tabalefika ku makombo nga bafuma ku cupo nangu umuntu ushaendele bwino nangu uwali ne minwe iyafina. Uwapyene pali Lumande Chifyanka ni Cosimo Chushi Mumfunte. Elyo nkashi yakwa Cosimo alipyenepo, ba Olipa Mumfunte.

Sompwe

Ubufumu bwakwa Mushili Mufwaya bwaishibikwa ku lutambi lumo ulwitwa "Sompwe". Kanshi ulu lutambi lwaba ulwakupupa. Pakulekelesha lwabombelwe mu 1978 kabili ulu lutambi lwalebombwa mu kwamba kwa mfula imimana nga yaamba ukwisula. Takwaleba sompwe mu lusuba, iyoo. Kanshi basebaula imanda yonse ya mfumu apabula ukusha nangu imo pantu teti basebe uluputa lumo kano baseba imputa shonse. Elyo imfumu yakuba ubunga ne nama sha mu mpanga baipaya baleta ku musumba pamo no bunga. Elyo basenda filya fintu ukwasendama Lwando Mumbi. Kwa Lwando Mumbi baambapo, nokulya eko balalya. Pakusenda ifyakulya bacinda ne mfuti shilelila elyo kulya kwine ukwipika baleipika nokulya balya. Basenda imfuti shibili kanshi balisha imfuti imo elyo balondolola imilandu ya mfumu ya mwifumo likalamba elyo balisha imfuti ibiye balondolola imilandu ya mfumu mwi fumo ilyaice. Na bacilaluka bakwa Makumba basangwapo, abena

Mumba. Elyo nomba basalangana: aba ku Mpeshi, kulola ku
Mpeshi. Aba ku Kafubashi: kulola ku Kafubashi. Ukwasendama
imfumu shimbi kanshi balelya nomba nga bafika ku luputa
lwakwa Membe takuli ukulya nangu cimo. Kanshi pakufuma ku
luputa lwakwa Membe ku mateshi elyo basalangana no bukali.
Ifintu fyonse ifyo basanga mu nshila, nangu mwana, kusenda.
Imbushi ne cipe conse, kukwankula fye, nangu muntu: kusenda
mpaka bakaye mukumukombola.

Kanshi ulu lutambi ulwakusenda ifipe fya bene lwalecitika
akale pa kushika imfumu; ifililo akale fyaleshupa nokushupa.
Pakufuma ku manda balesenda fyonse, limbi baipaya no mwana
nokusumya umulopa pa luputa. Eico abantu balefisa abana babo
nga baumfwa imfumu yafwa.

Ukulingana ne ntambi, ubufumu bwakwa Mushili Mufwaya
bukankala sana. Na makombo kwa Mulakwa yafuma kuli ba
Mushili Mufwaya.

Musenga

Umulundu wa Musenga pamo ne mimana ya bena Ngulube.
Aba bantu bafumine ku Chipota kwa Mushili Mufwaya. Batalile
baikalako mu Chiko ico mwali ne linga lya mfumu. Libe
tabalafika kwa Mushili bafumine ku Lwilu mwa Milambo.
Intungulushi yabo Chimya Mongo Mukunto e pakuya ikala na
bantu bakwe ku Musenga. Uyu mulundu ne mimana bapakana
na bena Ngulube banabo aba ku Katumba. Umushi uwitwa
Chimya Mongo ku Musenga, uwasokwele ni Musala
uwalelumbwa ukuti Kabwa ka Mpanga. Uyu Musala mwina
Mpende uwa mwa Kabundya Chibale. Pa kwisa ku Musenga
afumine ku Kalundu kwa Chibale Mukabe. Musala aile sokola
umushi ku Mpeshi nokushila abena Ngulube ulya mushi wa ku
Musenga, ico bali beshikulu bakwe. Lelo nangu cali ifi,
umulundu wena wa bena Ngulube.

Icipupilo cilesangwa pa sukulu pene kanshi muli teacher compound mwabela umukunyu, ishina lya mukunyu ni Bulungu Kalunga eko abena Ngulube batwala amakombo. Icimuti cimbi ca mipashi cena uko balekuta Mwine Masala caliwa. Imimana ne fishiba ne milonga ya bena Ngulube ni iyi: Akatongo, Lutandali, Tomsa, Akabingu, Mwansha, Mushili, Misongo, Imandwe, Akafuboshi, Chansato, Mwitwa Mumba, Nkotakota, Icisenga, Makunka, Mwana Mushili, Misongo, Matuku, Chishimbe, Katenge, Ngili, Chinshi Ng'wena, Champumbu, Beys, Chisungulika.[13]

Mpeshi

Twamona ukuti ukufuma ku Chishikishi ukushinta kuli Kansenga imimana ingi ya bena Mumba, Mpende, Kani, Ng'uni, Ngulube na bena Ng'oma. Mu calo ca mfumu Mushili Mufwaya imikowa ikalamba ilepupa na lelo pa mimana ingi, bena

---

[13] Imikowa imbi ku Musenga yaishile fye panuma sana. Abena Mpende ilelo bateka umushi wakwa Kaboma, nomba ba Kaboma baishile mu 1921. Abena Ng'oma bakwa Fumpa ifikolwe fyabo kanshi bakwa Fumpa Sete elyo na bakwa Musenge Sete. Fumpa afumine ku Ng'umbo mukulubulula nkashi yakwe kanshi ali umusha. Bamwebele ati: "Pakulubula nkashi yobe ukabase ubwato bwa nkafi ikumi." E kwisa mwa Kafinda ku Chikonde mukubasa ubu bwato, e pakuya kombola nkashi yakwe. Ku Musenga aishile mukwipaya isabi, e kuupa umwina Mpende mwa Kaboma. Abena Kani bafumine ku Mpupe kwa Chiunda Ponda. Abena Kasha ku Musenga bakwa Mulakwa. Abena Ngulube bambi (bakwa Kalusa Mwewa) bafumine ku Bwaushi, elyo baile ku Mpeshi, elyo ku Chimbwi ku Masenga, e kwisa nomba ku Musenga na ku Katumba. Balya bena Ngulube imimana bakwata pali lelo yafumine ku bena Ng'uni kanshi bashitile ku mwanakashi: Ipampala, Akalongwe, Ichibendeshima, Akacinka, Loshe, Mumbankombe elyo ne mimana imbi. Bambi abaishile fye bwangu ku Musenga: Abena Muti ba ku Chilubi, abena Mumba ba kwa Kabende Mushi elyo abena Mfula ba ku Luwingu, abena Ng'uni ba kwa Mufumbi, elyo abena Nsofu ba ku Mbo-ya-Lulambe. Aba bonse tabalakokola sana.

Mumba, bena Ng'uni, bena Mpende elyo na bena Kani. Abena Chisenga bakwata fye umumana unono uo batila Ichungwa usangwa ku Chishikishi. Ku Mpeshi bateka umushi wakwa Pwele.

Umulundu wa Mpeshi pamo ne mimana iyi nga Ulumamya, Ipampala, Ilungwe, Fibulumo fya bena Mumba. Intungulushi pali ifi fyalo yali ni Kabondo Muneka. Uyu muntu ali mu mabumba ya bena Mumba abasalanganine mu ncende ishapusana pusana. Pakwabuka Uluapula kwa Matanda balilungeme ku Mpeshi kanshi ibumba lyakwa Shichimbanama limbi talilafika. Ku Mpeshi kwena tabakokwele iyoo, inkalamo shababutusha, babwekela kwa Matanda. Elyo baishile umuku wa bubili nomba baikele ku Chishikishi. Nako kwine tabakokwele iyoo. Inkalamo shaishile nakabili ishingi, shababutusha. Aba bena Mumba kanshi baya nokuya, basha fye ifibolya.

Uwaishile sokola nomba umushi ku Mpeshi ni Kunda Mukobeka. Pa mulu twashimika imilandu imbi yakwa uyu mwina Mpende. Lubafu ali mwana wa bena Mpende. Umwine ali mwina Nyendwa wa kwi Lala.

Umukowa wa bena Kani nao ukalamba mu calo mwa Mushili. Icikolwe cabo icaishibikwa sana ni Mwandwe wa Kani. Uyu Mwandwe wa Kani afumine ku Ng'umbo ukupita mwa Sokontwe nokuya ikala mu Kalya Makubo ku Masenga uko asangile abena Mbulo bakwa Maloba. Ici calo kale cali ca bena Ng'uni. Lelo capitile mu ntumbi ya muntu, e pakucipela ku bena Mbulo. Cali nifi: Umwina Ng'uni aupile umwina Mbulo. Ilyo balepanda ubuci no mulume elyo ulushimu lwasumine umukashi uwali na pa bukulu. Ulya mayo alifwile. Panuma yakushika abena Mbulo, bafutilwe icalo pamo nge cifuta mulandu ku bena Ng'uni. Ku Masenga bapokele icalo pa Changa Mweo, Mundu na Chitobwe.

Abena Mbulo balitangile sana, nomba abena Mbulo bambi bakonkele pamo ne mfumu sha Baushi. Twaumfwa ifyo banonkele icalo. Nomba twalaumfwa ifyo nabo bene bafutile imilandu mukupela imimana. Cali ngeci: Mwandwe wa Kani ali na bantu bakwe abengi sana. Umwanakashi umo umwina Kani aliupilwe ku mwina Mbulo. Ku ceshamo uyu mayo e pakufwa kwifumo. Apa ninshi Mwandwe alisha abantu bakwe nokuya ku Bubisa. Umukalamba uwashele ne bumba lya bena Kani ni Kapambwe Shichilemba. Uyu ali mwipwa kuli Mwandwe wa Kani. Ilyo Mwandwe abwelele ukufuma ku Bubisa, aishile pingula abena Mbulo, epakubapela ifyalo ukufuma pali Konge ukupita mu mimana nge iyi: Malopa, Mwewa, Amabungwe, Chimashi, Chilanga, Isenga, elyo ne Milenga, nokuya fika kwi Puti. Abaishile ku Mpeshi abengi bafumine kwi Puti pantu mushi ukalamba sana.

Kucingilila Mpeshi

Ku Mpeshi kwali nkalamo ishingi sana ishaleikata abantu, ekutila Kabwa ka Mpanga pamo na bena Mpende bambi abali nga ba Kunda Mukobeka e bashikile ifiswango kuli ilya ncende. Na pali lelo nga mwaya ku mateshi kuti mwasanga uko ba Kunda Mukobeka bakupikile inongo iyo bashilikileko inkalamo. Pa mushi pa Musala napo paliba inongo yakwa Kabwa ka Mpanga mu musango umo wine. Pa cikope mulemona umwale ku Mpeshi. Ici cimuti kanshi ca ntambi pantu eko balebika umuti mu kushilika umushi ku nkalamo.

Icilibwe ku Mpeshi

Ku Mpeshi kuli icilibwe icikulu ico basangile mu 1997 lintu abaice baimbile icilindi. Kanshi capalana na mabwe ya ku Samfya uko basosa abati: „Lucele Ng'ang'a anyantileko na makasa". Na pena palembelwa ifilembo ifikulu ifyalekana lekana. Ici cilibwe ca ku Mpeshi cili ca kale sana pantu takwaba uwingalondolola uko cafumine nangu abalembelepo amalembo.

Mukwelenganya fye tutile limbi aba kale balekusapo ameno ya nsofu. Akale kwaleba ukupanga amakosa kabili ukubomfya ameno ya nsofu mukushita abasha nangu umucele, ifikungu, ifyanso, nsalu no bulungu. Kabili insofu mu myaka ya kunuma ishingi shaletemwa ukwabuka Luapula ku Mpeshi.

Ubufumu bwakwa Mushili Mufwaya:
Ba Cosimo Mumfunte, abafwile mu
1997.

Uluputa lwakwa Lwando Mweshi. Pa kuya ku manda pamo
ne mfumu mukukopa ninshi imbwa yatukonkele, yanina pa
luputa lwakwa Lwando Mweshi, yalala. Abantu bati
baitamfye, imfumu yakana aiti: "Muileke kanshi mwalilaba
ukuti bashikulu baleenda ne mbwa?" Ca cine, ukutampa na
pa citendekelo imfumu sha bena Ngulube kwa Mushili
shaleenda ne mbwa shashiko.

Imfumu Mushili Mufwaya ba Olipa Munfunte (ba Cheswa).

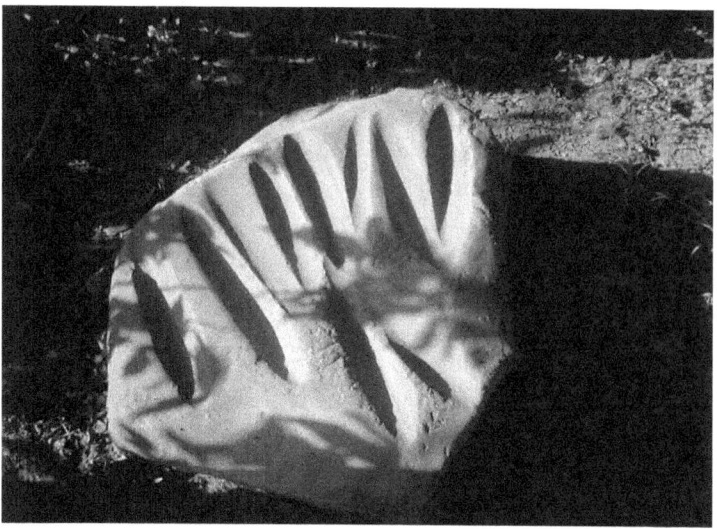

*Icilibwe ca ku Mpeshi ico abaice basangile mu 1997. Kanshi
ku Mpeshi eko insofu ishingi shaleabuka umumana wa
Luapula. Bamo batontonkanya mukweba ati: ici cine cilibwe
balebomfya mukukusa ameno ya nsofu.*

Umwale wa ntambi. Pali ici cimuti ba mwine mushi baleshilika imishi ya ku Mpeshi mukukanya ifiswango fya mu mpanga ukwingila mu mishi.

Bafisa Chibale Kabundya na Chungwe Kabundya, bepwa bwa Mfumu, mu mitondo pa lufunsa mukubapususha ku balwani.

8

Ku Mimana

Ubutwa

Abantu abatangilile sana mukwisa mu ncende shesu ilingi line tubeta "Batwa". Tatwaishiba bwino umwalola ili shina. Bamo bashimika ukuti ili shina balipelwe mu nseko pantu abena Kabende abaishile ne mfumu shabo balikosele mu fya bulimi, Abatwa bena iyoo pantu tabalelima nangu tutile tabalelima sana. Ubushiku bumo abena Kabende bamo basangile Abatwa ku mumana baletwa mwibende. "Finshi muletwa mwi bende mwe abashilima?" – "Tute tuletwa." Nomba pakumona mwibende e kusangamo ntuyu na masanga, baseka nokuseka, "kanshi muli Batwa!", ne shina lyabelelela.

Bambi balondolola ukuti abena Kabende nangu tutile Abaushi (pantu ilya nshita bali fye bamo bene) pa kwingila no bukali mu ncende shesu konse kwaleba ukutamfya abakaya nangu ukubepaya nangu kubapokolola abakashi, awe, ngefyo batwila masaka mwibende efyo bapwishishe na bakaya. Nomba twishibe ukuti ili shina talyafumine kuli balya bantu abasangilwe mu calo libela, iyoo, bambi efyo babenikile, kabili ili shina taliseekesha sana abakaya; abene bamo bailumbula "tuli ba Lala-Masenga", nangu "ba Bisa", nangu "bakwa Chibuba-Mumba". Pantu aba bantu abetwa "Batwa" tabapangile umutundu kabili tabakwete ubufumu mu musango bwaishibikwa pali lelo; baleikala mu ndupwa na mu ndupwa elyo bonse abakwete amaka e baleumfwika nge mfumu, nomba takwaleba sana ukwikatana pakati ka mfumu shabo kabili shalefuma mu ndupwa ishalekanalekana.

Abena Kabende na Batwa baletinina nokukumana iyoo. Ku Kapata bashimika ukuti akale kwaleba sana imishitu emo Abatwa baletantikila ifyakulya fyabo (munani) fintu balefwaya ukucinja no bunga. Kanshi abena Kabende pa kwingilamo balesanga umunani elyo basha icipimo cimo ca bunga. Kanshi aba bantu tabalekumana iyoo. Nomba takwaleba ukwiba mu musango uwakuti wabula umunani apabula ukushapo nangu cimo. Pantu balya bantu balikwete telephone yabo iyalebomba apabula ukulila. Bafwaya ulushishi, bapanga ntambo ikalamba sana iyakuti yaendela umushitu onse. Kanshi abaleta ubunga tabaishiba ukuti bambi nabafisama. Balya bantu nga basanga ukuti tabashile ubunga ukulingana ne cipimo e kubomfya lamya wabo: Batinta ulushishi na bonse baishiba nomba ukuti fipondo fyaisa. Owe, abantu ba kale balekalipa bwangu, kabili imifwi yabo yaletinwa nganshi pa mulandu wa bulembe babomfeshe umuntu kumulasa fye panono apa pene kufwa.

Ubufumu bwa bena Ngulube tabwafikile bwangu ku mimana nangu ukukosako, iyoo. Abena Mumba bamo baleumfwikile nge mfumu, kabili balepoka ne mitulo. Abasungu pa kwisa kuno balilembeshe Chibuba nge mfumu. Umuntu onse wa maka uwakwete abantu abengi elyo ne miti na manga pamo ne mimana kuntu apupile, mwandini aliumfwikile nge mfumu. Nangu ubuteko bwa basungu tabwakosele sana ku mimana. Bangeleshi baleilishanya ku mimana pa mulandu wa ku kana lipila ulupiya lwa "hut tax". Kanshi kuleba intambi shimo ishakosa sana pamo nge ntambi pa mfwa pamo no kupoka umutulo. Eico na pali lelo bukapepa bwalikosa ku mimana ukucila ku milundu.

Imikalile ku munga we fwafwa[14]

Akale abantu baletinana kabili imibombele ingi yalebombwa mu bwanankashi kabili ifyupo ilingi line baleupana pa cifyala ifyo batila mu Chibemba cesu ukutila isabi ukulya akasabi kanankwe e kunona. Pantu abantu baletina ukusalanganya utufyuma nga baupa mu mikowa ya beni nomba ukucilapo baletina imilandu ingafuma muli ifi fyupo. Pantu imilandu yaleisa bwangu nico kwaleba ukuteya ifiteyo mu misango ingi. Kabili te bakalamba beka balepanga imilandu: na baice kwaleba ukubateya pakuti banonkwe nga basha. Limbi babateya ukwingila mu ng'anda imo nokubabepesha abati: "nabalyamo!", nomba nico abafyashi tabakwete nangu cimo pakuti bafute umulandu basendelwe mu busha. Pantu ifyuma ifyakufuta nangu akamulandu akanono ilingi line kubashitisha umuntu abe umusha. Eico balesosela abati: "We mwana ulepesha amakasa umo mpesha" elaya kutali nangu elaleta imilandu.

Pakutina imilandu baleshitisha na bana abashaleumfwa, bambi balebacinjamo no mwambwa (icikati) wa ku fwaka. Pakushitisha abashaleumfwa tabalebebukisha nangu ukwishibisha, awe. Bena balesenda fye umuntu nangu umwishikulu elyo bamusha pa malekano ya nshila pa mansansa abati: "shala pano pene, twalakusanga." Bena baya nokuya nomba cilya ashala eka elyo amona na umbi uwakwisa musenda. Balya bamusenda na bena bashapo cimo icili nge nongo nangu icilundu. Cilya baishiba ati nabamusenda elyo na bena baisa palya pene bashile ulya muntu, basenda nomba ico basanga.

Ubusha

Kanshi mu ncende shesu kwaleba ubusha ubwalekana lekana. Kwali ubusha ubwakusendwa mu nkondo, kanshi abakulu bonse babutuka nomba abana abanono bashala. Balya nga

---

[14] Abalembele cino cipande ni ba Simon Chilungu, Chitundwa (St. Pauls).

babakwatila uluse tababepeye umwaume nangu mwanakashi, basendele fye no kutwala ku musumba pakuti babe ababomfi ba musumba. Nga banakashi, baupa nga tabopile bapela ba lupwa lwa mfumu e baupa.

Kabili kwali ubusha bumbi ubwalebako nga balikwete umusumba uwa maka uwakutina. Nga naipaya umuntu bantwala ku musumba. Ulupwa lwandi lonse abepwa na bana kutapwa mukubombela nomba umusumba. Pali lelo ifi bapilibwila mu fifungo. Nga takuli umbi uwa mu lupwa lwesu uwashala uli ne fyuma no luse pakutulubulwila ninshi tukaleikala filya fine, tuli abasha ba musumba. Nomba nga twakwata uwapambana uwakutwala icuma mu ceni ca mfumu elyo twalubuka.

Nomba kumbi imfumu tashaletinwa elyo kwali no busha bumbi ninshi ku bantu banensu: naleta umulandu nomba twafilwa ukulipila elyo bakwata insambu ya kututapa. Balya bantu ukuya ukubabombela icilambu ca ulya muntu twaonaula. Ubu busha bwalebombwa sana ku mumana.

Elyo kwali no busha bumbi limbi lupwa lobe bakushitisha pantu tawaleumfwa kabili baletina ukuti imisango yobe limbi yengaleta imilandu kuntanshi mukulingana ifyo tumfwile pa mulu.

Ubusha bumbi futi bwafumine ku buyeke lintu baishile mukutapa abantu. Pantu baishile ne fya makwebo ifyo balekumbwa bashamfumu pamo na ba mwine mushi kanshi baleshitisha nangu bululu nangu mwana cikulu kumwena icuma. Ubu buyeke bwaletele nkondo konse konse pamo no bukaka.

Ukutola ifyalo mu mimana

Pa ncende ishingi ku mumana nga waipusha pa wakubalilapo ukutola incende, abena Mpende balekwasuka abati: "ni fwebo." Abena Ng'uni nabo bene – "ni fwebo". Abena Mumba nifyo fine.

Pantu ifyalo ku mimana tafyatolelwe fye umuku umo, iyoo. Ifikolwe fyaleenda sana, nga bapwisha imyaka mu ncende imo ilingi line baleya sela kumbi. Bamo bafwaile ukusokola incende shimbi, bambi batinine amenshi, bambi kabili babutwike imfwa, pantu akale umuntu umo nga afwa abantu bonse limbi kusela. Nomba pakufuma ilingi line balesha amalongo, basubila ku ntanshi kuti baisa ba bululu mukwikalako. Nga basanga kumo ifishiki fya mulilo nangu malongo e kwishiba ukuti banyanta pa ncende ya bene. Nomba bambi abatolele imilundu tabakwete nkashi shabo abakufyalamo abepwa. Bambi tabakwete babululu mukubakonka. Nga baya mukwikala kumbi ninshi capwa, pantu ne fishiki filabola. Iyi milandu yonse yalenga ukuti incende ishingi shaletolwa imiku ne miku.

Cumfwa no Lupako

Nga mwafuma ku Mikoka muleya kuli Mwelela kanshi muleenda mwi lungu, nomba libe tamulaya ukutali mulesanga icimuti icikalamba sana ica kale ca mukunyu kabili ca ntambi. Ici cine cimuti citwa "Lupako" pantu abantu baleingilamo nangu ukusendamamo nga bapitako. Mupepi no lupako pabela icishiba umusangwa isabi icitwa Cumfwa ninshi banamayo balayako mukwela nangu kusaya. Abapupapo bena Mumba. Nomba akale cali ca bena Mpende. Umwina Mpende e waupile umwina Mumba uwafwile ne fumo. Pakufuta umulandu wa ncila babasunina icishiba ukwasangwa lupako. Pakupupa na pali ndakai basenda ubunga, nabafwala mpapa na masamba ne nyimbo baleimba, kapepa wa calo mwina Mumba ninshi aleya, alepona na panshi no lumpundu baleaula no bunga balemukuba baleti: "Eya, cimwanga wesu, Cumfwa wesu!", awe balaposa no bunga mu nshila mpanga yonse. Bumbi babika na mu mumana, elyo mwine calo (umwina Mumba) alanda ati: "ee, fyafwa na lelo mwe bantu bandi", elyo nomba bonse baiposa na pa menshi, banamayo na bashitata bonse baiposa fye ca pamo abamasumbu, abamanga, "ooh–weeh", awe mwaba na kantu, ne sabi kufwa fye ilingi.

Kalango na Chino Mipando

Abena Mpende mu Butwa bapusana mu mayanda. Ibumba limo lyakwa Kabundya Chibale. Ibumba limbi lyakwa Kunda Mukobeka. Uyu muntu nao wa ku Bubisa, elyo aishile ku Masenga, e kwabuka nokutola imilundu ku Mpeshi. Pali Kabundya Chibale tulandile pa mulu mu lyashi lyakwa Kalasa Mukoso. Lintu afumine kwi Yongolo alishile fye ifibolya muli ishi incende shonse. Kanshi papitile inshita ikalamba elyo umwina Mpende umbi aishile tola futi ishi ncende. Uyu muntu ali ni Kalango. Ifyo bashimika pali uyu muntu fyapusana panono ukulingana ne ncende twikalako. Twalashimika ifyo twaumfwa elyo imwe mwishibe mwe bene ifyo mwingasenda.

1. Kalango ali mpofu kabili ali mwina Nswi. Nomba alinonkele umusha kulya ku Bubisa uko bafumine. Uyu musha ali mwina Ng'oma, ni Chino Mipando. Kabili Chino Chipando ali mwishikulu wakwa Kalando. Wishikulu wakwe ico amunonkele nico alipepele fwaka yakwe intu aponeshe. Pantu ilya nshita abantu tabalekokola ukufulwa nangu kwipaya umuntu nelyo atolele fye akapande ka fwaka. Kanshi aba bantu bafumine ku Bubisa. "Awe twalikokola kuno, natuleya nomba mukutola ifyalo." E kutampa ukutapuka imimana. Umwina Mpende ali mpofu, eico uwamutolele ifyalo mwina Ng'oma. Pa kufika kuli Mwelela ainike ne shina ati: "Pano ni pa Mutuutu." Ku Kasakala kwena basangile abantu abali abena Mumba. (Abena Mumba bakwa Malembeka ba kale na kale, kabili ukufuma ku Kasakala eko balefyalinkana nokusandulula ishi ncende shonse sha ku mumana.) Chino Chipando akonkenye ulwendo, asanga umulundu e kweba ati: "eyo, cino calo ni pa Kalundu." Elyo alola ku mulundu nokuya sanga umumana,

atolamo ulushishi e kwinika ati Lufwishi. Kabili aya mu Kapilibila uko asanga mpundu, atola ne mpundu, fyonse ifyo alikusanga mu malungu kusenda. Elyo abwekelamo nokuya kusanga wishikulu ukwali nokumweba ati: "shikulu, naendela icalo." Ena amutasha nganshi kanshi amuleka nomba ati: "naubomba". Kanshi ifi fyalo fyonse fya bena Mpende nomba pakutasha umwishikulu baumfwene ukupela abena Ng'oma icalo ca kuli Mwelela.

2. Bambi bapusana mukulondolola, abati Kalango mwina Kani, te mwina Mpende, iyoo. Elyo aupile mwina Mpende uwali nkashi yakwa Shimwila Kasubula mwaice wakwa Kabundya Chibale uo tulumbwile pa mulu. Ninshi tabalafuma ku Kalundu pa kuya kuli Mwelela. Uyu Kasubula alikwete imbwa. Ubushiku bumo Kalango abulile imbwa yakwa mulamu Kasubula, elyo aamba ukulondola incende sha ku mulundu. Asanga umulonga uo ainika Lufwishi. Lubali lumo pa Chibemba pali abantu abena Mumba. E kukonka kanshi lubali lumbi nokuyafika ku Luapula ku Lutandali (ku Mpeshi). Elyo abwekela ku Kalundu, ashimikila Kasubula imilandu. Efyo atolela abena Mpende ifyalo fya Lufwishi ukutampa mupepi na ku Chibemba ukuyafika na ku Mpeshi.

Nelyo twapusana mu bulondoloshi pali Kalango, twalishiba uko balala: ku Kalundu mu mushikishi ulemoneka apatali sana. Umushikishi wakwa Kalango walibola akale nomba apa pene uko wabelele papukile mushikishi umbi uo batila na lelo line abati ni kuli Kalango. Ici cimuti ca ntambi na pa kupupa eko batwala amakombo.

Abena Ng'oma na bena Mumba kuli Mwelela

Kanshi abena Mpende na bena Ng'oma balipakene pakati ka Kalundu na Mutuutu (Mwelela). Uwakubalilapo ukuteka kuli

Mwelela ni Chino Chipando. Kwi shuko abena Mwelela balisunga bwino history yabo. Abena Ng'oma ifyo bakonkana mukuteka nangu tutile ukupupa nokusunga amakombo fili ngefi:

1. Chino Mipando (or Chino Chamipando)

2. Kasyeba Sashi (Sansi)

3. Mukaka (Mukanka) Chinani

4. Seba Chinani (umwaice wakwe)

5. Kabondo Chinani

6. Ngandwe Chinani

7. Kamfwa Chisheba

8. Chibabo (Chilawo) Mwansa

9. Masansa Lesa

10. Muntangala Katimbe

11. Chishyeba Kubulu

12. Kapeni Changa

13. Chitapwa Chikuba

14. Ngosa Kasama

15. Kamfwa Kasama

16. Chifulo Chisala

17. Spindulo Chisala, uwafyelwe mu 1921.

Bambi batila ukuti: Na bambi epo bali: Katangala Chinani, Chitapwa Kubulu, Chitapwa Chisheba, na Kamfwa Katimbe, bati nabo bene baleikala pa cipuna. Aya mashina yonse yalanga apabuta tutu ukuti abena Ng'oma pali Mwelela ba kale na kale.

Pa kupupa kuli Mwelela ifyo babomba nifi: Ukwamba ni ku Kasakala, elyo kwisa kuli Mwelela. Abapupa kuli Mwelela bena Mumba. Apa kuti mwaipusha nomba ukutila, cali shani pakuti

abena Mumba bapoke umumana wa Mwelela ku bena Ng'oma?
Kanshi Mukaka Chinani umwina Ng'oma aupile umwanakashi
umwina Mumba uwe shina lya Mukabe Kasumba. Kwali
ubushiku bumo ilyo abena Ng'oma bafumine ku mushi uwa pa
Kasakala mukufwaya umutulo. Nomba kwabukile ifikansa pa
mulandu wa kufwaya umutulo. Elyo baishile fikila kuli mulamu
wabo umwina Mumba nokutampa ukuuma nokutukilamo
bululu shabo abati: "uyu wine mwanakashi e walenga ifwe
twilapoka umutulo." Efyo nomba batampile ukulwa, nomba
mulya mu lubuli kwali ukulasa umwina Ng'oma no mufwi ku
bena Ng'oma banankwe. Eico bululu shabo afumine mu mushi
ubukali no kuyafika peshibe ilitwa pa Iyefuntwe. Palya pa
Iyefuntwe eko afwilile panuma ya nshiku shitatu. Abena Ng'oma
ukufuma ku Kasakala eko bamusangile nokumutola. Lintu
bamutolele balungeme ku mukashi umwina Mumba. "Iwe
walenga ukuti twipaye bululu wesu!" E ku muuma mpaka nao
afwa. Nomba pa kufuta uyu mulandu ku bena Mumba
pakwipaya umuntu wabo babapele mumana wa Mwelela.

Abena Mumba (na bena Chisenga)

Abena Mumba balikwata imilundu ne mimana ingi sana
ukuyafika na mu fyalo fya mfumu sha Chiunga. Nomba te bonse
ba mwibumba lyakwa Shichimbanama. Abena Mumba ba kuli
Kansenga bakwa Chibuba Mumba. Aba bantu mu kumfwika
bali ng'anda shibili. Bonse aba baikele pa ncende apo na nomba
beta Kombwa. Aba mu ng'anda ya cibili bashile abanabo pali
Kombwa nokuya ikala pali Chale pa ncende iyaleitwa Chilumbu.
Apa pali ni pa cilufunsu nangu icitafu. Abaishile apa baishile
ishibikwa nga aba kwa Mumbwesha. Ubushiku bumo kwalokele
imfula ikalamba sana icakuti lulya lufunsu baikelepo
lwaliputwikemo pabili. Icaputwikeko cayambile ukusela ukulola
ku masamba ya Luapula. Ici cacitike ubushiku ninshi bonse bali
mutulo. Ilyo bwacele balya bantu baishile isanga mu mbali ya

mulundu umwali ne miti ingi sana. Lintu bayendawike muli ilya mpanga, basangile ukuti tamwali ifishiki fya mulilo. Ekutila nomba yaba ni mpanga yabo. Bainike abati Kapamba.

Balya abashaninine pa lufunsu abashele, balefwaya uko abanabo balolele. Kwaimine umuntu umo uwaile alafwaya ba mwana nyina kunshi ya Luapula. Asukile abasanga uko kwine ku Kapamba. Iyi ncende pali lelo yabela mu Congo ku Masenga. Mukuya kwa myaka, abashele pa Chilumbu baselele ku Kapata kwa mwana Mumembe. Ilyo baleya, bashile imimana yabo ku bantu babo abashele kuli Kansenga. Ichilumbu pali ndakai lyaliba lilimba nangu inshilu. Ili limba lyashinguluka na matete. Apa pene e pa cipupilo cabo. Ubushiku bwa kupupa lilya bwafika, abantu balaandula amasumbu yabo. Elyo bakapepa baya pe limba lya Chilumbu no kuposa ubunga elyo nefyo beshibe abene. Kanshi ukulingana no lutambi lwabo lwa bena Mumba apo pene palefuma icing'wena icikalamba sana no tuwena utunono ninshi tulekonka. Ifi fintu fyalefumina kuli Kombwa. Nga fyafika pe limba, elyo ba kapepa balanda ukuti tulefwaya isabi – lyakuti na lyakuti. Ninshi apo ni fyafwa fyabola.

Pa mulandu wa mpanga ya muli Kapamba abena Mumba bashimika no mulandu umbi. Kwali umwina Mumba wakwa Matanda, ishina lyakwe ni Mumbwesha Chabala. Alikwete inkashi yakwe we shina lya Lumbwa Chabala. Uyu mwanakashi alishile abantu bakwe kwa Matanda, aima ne ciboti. Pali ici cine ciboti bashimika ukuti cali icakashika, e mukutila limbi balicishinga ne ndale e mukutila ne minengene. Kabili mwi boti asendele ifimuti fya tute pamo ne nseke shimbi ukufuma kwa Matanda. Uyu mwanakashi akonkele Luapula, afika na ku Chilubi. Kulya ku Chilubi afyala na bana: Semba Mukamba na Mwewa Mukamba, wishibo ni Mukamba. Abasha ku Chilubi nomba umwine akonkanyapo ulwendo. Afikile ku Mbo-wa-Lulambe. Ukufuma ku Mbo e kuya kusanga abena Mumba banankwe pa mutafu muli Chale. Ilya nshita ninshi ndume yakwe Mumbwesha Chabala kwa Matanda alefwaya nkashi yakwe. Nao aima, akonka Luapula. Konse uko alepita aleipusha abantu nga bamonapo ubwato ubwakashika. Mu lwendo lwakwe pa Luapula mwena asangile icipanga ku Masenga, ici cine cali mpanga ya ku Kapamba iyo tulumbwile pa mulu. Mulya mwine tamwali ifishiki, iyoo. Mumbwesha Chabala aendela impanga yonse mpaka aisasanga umumana Loshi uwa bena Nsofu. Icabu ku Kapamba uko ashikile ubwato ainike ishina lya Lusenga. Mu mpanga elyo akunkile mulilo. Elyo akonkanyepo ulwendo ulwakufwaya nkashi yakwe. Mukwipushisha abantu asuka asanga icibwato icakukashika pa cabu pa mutafu. Awe, ashika ubwato, alungama ku mushi na pakusanga nkashi yakwe mwandini, nsansa sheka sheka. Mu kwenda kwa nshita aebele ba wabo umulandu wa mpanga intu alondele ku Kapamba. Ulu lwine lupwa eko baile mukufwaya ubwikalo.

Kanshi ilya nshita epo ali mwina Mumba munankwe, ishina lyakwe ni Chibobela. Uyu Chibobela alikulile ilingi kulya ku Masenga, tapalepele sana ku Kapamba iyoo, kanshi aingisha abena Mumba banankwe mwi linga pa mulandu wa balwani abaleisa mu kutapa abantu. Uyu Chibobela tufwile ukulondolola panono ulwendo lwakwe. Nao wine afumine kwa Matanda. Nalume ali ni Pempe, nkashi yakwe ni Napukwa, kabili mukalamba wakwe ni Mponda. Bonse baile ikala mwa Mushili Mufwaya nokupanga imishi itatu kwa Masanta (Chikanda), Pempe pakati elyo Chibobela na Mponda uku na uko. Pempe ilyo afwile elyo Chibobela aile ku Masenga mukukula ilya ilinga tulandilepo. Bambi abena Mumba e kulola mwa Kalasa Mukoso, bakonkele wabo Mulume Bokwe uwatangileko.

Ilyo baikele mwi linga mwa Chibobela ku Masenga elyo nomba baambile ukufyalinkana. Ilya nshita abakutapa abantu baleisa fye abengi. Awe, kwi shamo ubushiku bumo kunuma ye linga abena Mumba bamo basendelwe ku busha. Abena Mumba banabo baesha na maka ukubafwaya, nakalya! Baumfwile fye

ukuti balya abaishile mukutapa abantu bafumine ku Bunsenga.
Nico bafililwe ukubasanga, panono panono bafumyapo amano,
babalaba nokubalaba. "Awe, abantu besu balifwa!" Mwi linga
abena Ngulube bafyalilemo Kalubi na Chale Mutopola. Balya
bena Ngulube bafumine ku Chimbwi. Efyo baleikala mwi linga
inshita itali, na Chibobela asuka afwa.

Uo basangile mwi linga ngo mukalamba ni Kabobola,
mwishikulu wakwa Chibobela. Uyu Kabobola, mwandini,
balimutinine sana ukuli konse. Talelya isabi kabili talelya inama;
mitima ya fiswango pamo ne nkalamo ne mbwili e munani
wakwe! Ne miti yakwe pamo na manga, awe abantu baletina
sana. Talefwala ifyo abanankwe bafwele iyoo, ena mpapa sha
nama fye, epela. Ilya nshita kanshi balikwete inkashi shabo uo
baufishe ku bena Ng'uni aba kwa Kafinda nangu kwa Katonga.
Lilya bamusendele kwa Katonga ku balume, ubusanso
bwacitikile, kanshi uko kwine afwilile ne fumo. Abena Ng'uni
bena balikene umulandu, ati tatwamucilile, iyoo. Abena Mumba
mwa Chibobela batumine umuntu wabo Nakunta Kumpapa ku
bena Ng'uni mukuteka umulandu. Tabatumine Kabobola pantu
ubukali bwalicililepo. Nakunta Kumpapa nao ali umukali sana
uwakutinwa nganshi. Awe, abena Ng'uni pakumona ukuti
abena Mumba nabakalipa, awe, baumfwa umwenso, basuka
basumina umulandu, bapela abena Mumba akamana ka
Kaundu (umulonga ku Tuta). Efyo umulandu kanshi waendele.
Abena Mumba abengi efyo bafumine mwi linga mwa Chibobela,
baya nomba ukuteka pa mumana wa Kaundu. Nga mulefwaya
ukwishiba imyaka pali ifi fyonse: Umwanakashi umo
uwafumine mwa Chibobela mukwikala pa Kaundu ali ni
Chansula, mwina Mumba mwanakashi, uwafyele nakulu wakwa
Elisabeth Kapepa (Bana Bilo) abekala ilelo ku Chitundwa.

Balya abasendelwe ku busha, mwandini, Lesa ifyo
apekanishishe ifya kupapusho muntu fyali ngefi: Imyaka
tailapita sana (tutile imyaka 50), na bena Mumba ukufuma ku

Kaundu baile ku Chipata mukufwaya fwaka. Kulya kuli Bansenga, awe, basangile abena Mumba abafumine mwa Chibobela! Mukubepushisha pa fikolwe fyabo basangile ukuti ni aba bene abasendelwe mu bunkole. Bamo ukufuma ku Bunsenga babaletele ku myesu nelyo tabaishibe Icibemba nangu fye panono, pano pene fye basambilile ululimi lwesu.

Pa mulu tushimikile umulandu wakwa Chibuba Mumba. Ku Lulimala na ku Mpelembe nako bashimika pali iyo mfumu.[15] Bati uyu Chibuba aishile ukufuma ku Kola ne nkashi yakwe, ishina lyakwe ni Munkwanga. Uyu namayo balemucindika nge mfumu nokulatula imitulu. Eico ailumbwile ati. "Ni nebo NaMululila." Alilala mu mushitu umo ulesangwa mupepi na ku Mpelembwe. Abana babili afyele ni aba: Mpyana-Mumbi uwaleikala kwa Kanyanta elyo na Kunda-Tibilo uwaleikala pa Museshi.

Kapupu Chiba

Abena Mumba basangwa na ku Mbo ya Lubambe pamo naba pa Mutali pa Chikonde elyo na bena Mumba bakwa Kabinda Mukulu pa Chafye pa Ponga. Imimana ingi ishinguluka ishi ncende ingi ya bena Mumba. Ifikolwe fyabo fyatulile mukati ka Kabende ilyo baletola ifyalo.

Inkondo imo kanshi yaishibikwa sana, iyo nkondo yali yakwa Kapupu Chiba. Bamo bashimika ukuti Kapupu mwina Chisenga. Bambi bena balanda ukuti mwina Mumba. (Nomba, twilaba ukuti abena Chisenga bafuma mu mukowa wa bena Mumba.) Kanshi Kapupu aikele kunuma ya calo ca Chibambo

---

[15] Uyu mulandu naulembwa muli Diary ya ba White Fathers ku St. Peter's Catholic Church Serenje. Ba Father Piet Verkley e balembele pakubatisha uwantanshi wa mwi bumba lya ba Lala-Masenga muli ilya ncende mu 1967.

pali lelo.[16] Kanshi kwaliba iculu ico beta ati pa Kapupu. Muli ici culu mwali icimuti icikulu ica mukunyu ico aleninako pakumona abantu uko baleisa. Kanshi ubumi bwakwe bwali ngefi: Abantu nga balepita mu kamumana ukufuma ku Ncheta baleya ku Mbo-ya-lubambe nangu kumbi, inshila yalepita pa mwakwe. Nomba ico alefwaisha kupoka ifyakulya ne fyuma, na musango alepokelamo ni uyu: Nga amona abantu baleisa, alecilika inshila ya pa kamana nokupoka ifyanso fyonse ifyo bali nafyo. Panuma alebepa umo ati: "ibila mu menshi, nshakwipaye, ndeipaya fye umunobe." Nomba ena nga amona ukuti "nalapusuka", akonka ifunde. Panuma ya kwipaya umo ninshi nomba kwaipaya na ulya ushelepo. Kanshi uyu muntu Kapupu Chiba alipeye abantu abengi nganshi, maka maka Abaunga na Bena Ng'umbo. Panuma ya kwipaya abantu abengi, Abaunga balitekele icilye pakufwaya inshila yakucimfishamo ubu bwafya. Kanshi kwali imfumu Kalima Nkonde, Fube na bambi. Panuma ya kupanga "United Army" balishile mukucita "attack". Ifyanso balebomfya: mifwi na mata. Ilyo amwene ukuti abantu bafula, aninine ku cimuti cine aleninako. Ilyo ulubuli lwatampile, Kapupu ekutampa ukulasa abanankwe imifwi, nabo bene nifyo fine. Nomba pa mulandu wa magic yakwe imifwi balemulasa alebangula fye eico bamwene ukuti uyu muntu ku mifwi tafwe. Imifwi yakwa Kapupu yena yabaletele imfwa ishingi. Kanshi bayambile nomba ukutema icimuti mpaka cawa nao wine e kumwipaya apo pene.

Mpwanki na Munsongwe Chiba

Abena Mumba ku Mbo-ya-Lubambe umukalamba uwali pali iyi ncende ni Mpwanki, na ndakai line upyana pali uyu mushi

---

[16] Ulembele ino history ni ba Mweni John (Yongolo). Ababalondolwele imilandu ya ku Mbo mwine mushi wauko ba Sono, ba Mwewa Amon (Yongolo/Chitundwa) elyo na bakalamba bambi.

bamwita ati ba Mpwanki. Ku Mbo kwaleba umusumba. Uyu musumba wa bena Mumba. Kapupu alikwete munyina wakwe ishina lyakwe ni Munsongwe Chiba, mwina Chisenga. Uyu muntu cishimikwa ukuti aupile umwina Mumba ulupwa lwa ba Mpwanki. Munsongwe ali mwine mushi elyo Mpwanki ali ni mfumu pa Mbo-ya-lubambe. Kanshi inshita shimo shimo imfumu Kalima Nkonde yalefwaya umutulo kuli Mpwanki. Mpwanki nga asonkesha, Munsongwe aleeba Mpwanki ukuti ena eo atwale pa malo yakwa Mpwanki. Nomba nga afika kwa Kalima Nkonde nga bamwipusha pa mulandu wa ba Mpwanki ukukana monekela, alelanda mukwiwamisha ukuti "Mpwanki akusula sana! Ifyakulya fyonse ifi nine natula we mfumu". Kanshi ici calekalipa imfumu ba Kalima Nkonde. Mpaka Kalima Nkonde aimishe ifita ifyakulwisha Mpwanki neco Mpwanki taliko, ali kuli Kombwa pa ncende twita lelo kuli Kansenga. Nomba pakubwela aishile sanga fye abantu bakwe nababepaya abengi ku fita fyakwa Kalima Nkonde. Elyo Munsongwe nao wine pamo nankashi yakwa Mpwanki balifyukile ku Lunga. Mpwanki pakubwela kanshi asangile fye umushi onse fitumbi fyeka fyeka. Neco ali umuntu umukali kabili uwamaka apangile mu mutima wakwe ukuyaikata Munsongwe pamo pene na nkashi yakwe. Mukwipifya ilyo baikete Munsongwe, bamwebele ukufwa. Nomba pa mulandu uwakuti aletina ukumwipaya kwali ukumweba ukuti teti bamwipaye kanshi ena ali nokubapela ifyalo nangu tutile imimana umo alepoka umutulo. Kanshi nico ali ni mpofu alecita fye apo bafika abepusha ati: "Ni pesa pano?" Nga bamweba ishina lya mumana abeba ati: "Cino calo namupela"; nabo bene babikilepo fye ukucenga ifyo fine mpaka bafika pa Mbo-ya-lubambe. Apo baile sanga ifitumbi fya bantu baipeye ku Baunga, baeba Munsongwe Chiba ukwimba umukanda ukalamba mu kushika ifitumbi. Kanshi apwa ukwimba elyo bamuposelemo nokushikamo ifitumbi pamo pene na Munsongwe umutuntulu. Kanshi ukwabula iyi milandu ya kale, imimana ingi ku Mbo-ya-lubambe nga calo ca bena Cisenga.

Yongolo

Ishina lya Iyongolo lyafuma ku nsoka. Kanshi kwi'Yongolo kwaleba icisoka icikulu icafumine ku Bubisa elyo pakuya ku Bwaushi nangu pakubwela calepita kwi Yongolo. Ici cisoka ishina lyaciko cali ni Mupita Akawa, pantu nga capita cileya fye. Ici cisoka tacaishibikwe fye kwi Yongolo, iyoo. Pakuya ku Bwaushi calepita na mu Kabende. Umushi wa Mupita ishina lyauko, nangu tutile ishina lya kamana Mupita, nalyo lyafuma kuli ici cine cisoka pantu Mupita Akawa alepita ku Mupita mu lwendo lwa kufuma ku Bubisa mukuya ku Bwaushi. Pa mulandu wa ici cine cisoka incende ya kwi Yongolo yalitininwe sana. Bashimika ukuti ici cisoka calipusene ne nsoka sha pali ndakai pantu umutwe tawalemoneka, abantu balemona fye umubili nomba cali icikulu sana. Eico bacinike ati: Ciyongolo.

Uwaipeye ici cisoka taishibikwa bwino. Bambi bashimika ukuti ni Kunda Kabombo pantu uyu muntu alinwine icilungu. Bashimika ukuti aya mukwipaya ici cisoka ne misumbo, cena caiposa mu mutenge, cilefwa nokuponya imilomwa, elyo calekele nokusaka, e kwisa kufuma. Kunda Kabombo ena ailumbula ukutila: "Lelo twatola icalo fwe bene icalo cesu ce Yongolo!" Bambi balondolola ukuti icisoka caiipeye fye icine kanshi cali ngefi: umuntu umo akulile umutanda, abikamo imifwi no muti kanshi icisoka pakwingila caipomba nokulaswa mu mifwi, cafwa nokufwa.

Nga mwaipusha abakaya mukutila: "Abatolele incende ya kwi Yongolo ni bani?" – bamo bamo baleyasuka abati: "bena Mpende", bambi "bena Ng'oma", bambi "bena Ng'uni". Bonse balungika, pantu mukulingana tulondolwele pa mulu ncende shesu tashatolelwe umuku fye umo, iyoo. Abena Ng'uni balitangile sana mu ncende shesu. Na ku Masenga incende ishingi shatolelwe ku bena Ng'uni. Kanshi umwanakashi umo wa bena Ng'uni aupilwe ku wa mpali. Abantu bakwe abasokwele Yongolo balifumine ku Bubisa nomba tabakokwele kwi Yongolo. Uyu mukashana ena alishelepo. Nomba pa mulandu wa mpali wa mulume kwali sana ubukwa. Mulume ishina lyakwe lyali ni Nkuba Katentu, mukowa wena tawishibikwa. Ubu bukwa bwalengele uyo mayo ukwikulika pa culu cimo. Abena Yongolo bena tabasangile umubili wakwe. Papite nshita na bena Ng'umbo bamo bapitile mu lwendo lwabo lwakuya ku Bubisa. Pantu lupwa lwabo bena balisangile amafupa ya uyo mayo, baya ku mushi mukushimika abantu. Ilya nshita abengi abali mwi Yongolo bena Mpende bakwa Katwamba. Balya bena Mpende e kuya tola amafupa nokushika. Elyo batuma amashiwi ku bena Ng'uni ba ku Bubisa. Balya bena Ng'uni baishile fye ku cililo nomba tabalefwaya ukwikalilila kwi Yongolo. Eico bapele incende ku bena Nswi pakubatasha pa milimo babombele.

Ilya nshita abena Mumba bakwa Malembeka baleikala ku Kasakala. Malembeka alikwete mwaice wakwe, nao alikwete umushi kwi Yongolo wa bena Mumba. Uyu muntu ali ni Minga Chapwe. Abena Mpende bambi abashile ifibolya kwi Yongolo natubalumbula akale: Kabundya Chibale, Shimwila Kasubula, Kabonga, na Kalaso Chama, ni balya bene abasungile banamfumu pa lufunsu nangu mu mitondo. Nomba abena Nswi (Mpende) balisokwele Yongolo umuku na umbi, uno muku ninshi babombele pamo na bena Ng'oma. Abaishibikwa sana mwi bumba lyabo ni Kakupika na Kunda Kabombo. Umo ali mwina Ng'oma, munankwe mwina Mpende. Kunda Kabombo bamo batila ati: mwina Mpende, bambi balondolola ukuti mwana wa bena Mpende, kabili abena Ng'oma na bena Mpende ilingi line baleupana pa cifyala.

Kunda Kabombo

Pakati ka Teachers Compound na School Block paba icimuti cimo iceshina lya mukunyu.[17] Ici cimuti tacaishibikwa pe shina lya mukunyu iyoo. Umuntu onse uwaikala mwi Yongolo aishiba ukuti ni Kunda Kabombo. Nomba bambi kuti bafwaisha ukwishiba icalenga ukuti umukunyu waluke Kunda Kabombo. Kwena ilyashi lyacitike ninshi abantu bonse abalipo lelo tabalafyalwa. Uyu shikulu Kunda Kabombo alinwine icilungu. Ukulingana no lutambi, bacilungu tabashikwa mu mushili, iyoo. Kabili aba bantu ba cilungu tabafwile ukulala mu nindi iyoo. Pakubashika kanshi nabekala, bapalamika amakufi ku mutwe kwati kamwana munda yakwa nyina kanshi tabalala iyoo, kwikala. Pakushika Kunda Kabombo kanshi bapangile nkoloso ne fimuti ukulingana no lutambi, epo baposele micanga pantu umushili taufwile ukuposwa pa citumbi. Pakutantika ifi fimuti mukucingilila icitumbi kanshi babomfeshe ifimuti fya mikunyu. Kanshi panuma ya kushika uyu shikulu baishile mona ukuti umukunyu wamena pa luputa lwakwe. Apo pene fye ne shina lya mukunyu lyafwa kano fye Kunda Kabombo. Kwena abantu abengi baishiba na nombaline ukuti uyu mukunyu pakukula wapulinkenye mu mutwe wakwa Kunda Kabombo. Ici cimuti caikala imyaka ingi sana. Kanshi bonse abakwata ukutandalila mwi Yongolo balicimona. Kabili caishibikwa ukuti cimuti camipashi, takuli nangu umo uwakwata insambu yakucitema, iyoo.

Ifimuti fyakwa Kaniki

Ifimuti fimbi ifya ntambi fyalibola. Mu myaka ya kunuma kwaleba ifimuti fitatu fyakwa Kaniki mwi Yongolo nako kwine takwaleba ukutemako, iyoo. Ifi fimuti fyonse fitatu fyali na

---

[17] Uwalemba ino history ni ba Mweni John (Yongolo).

mashina yafiko. Cimo cali ni Nkuba, icibiye ni Kapemba elya ica butatu ni Mukabe Nkandu.

Bamo bamo bashimika ukuti uyu Kaniki alebomba pamo no muntu umbi, ishina lyakwe ni Chalowa. Kaniki ni mfumu ya bena Ng'oma ku Ng'umbo uwa mwifumo mwa Musenge Sete. Pa muku umo wine ali mwishikulu wakwa Kakupika pantu Kakupika afyele Nkandu Kakupika elyo Nkandu Kakupika aisafyala Kaniki Nkandu. Uyu muntu mukutintana pa bufumu ku Ng'umbo elyo afumine ne cipyu no kwisa kwi Yongolo eko aishile sokola. Mwi Yongolo mwine alikwete ifi fine fimuti tulumbwile (Nkuba, Kapemba na Mukabe Nkandu) umo abikile ntambi shakwe. Pali ifi fimuti, cimo nga caamba ukutenda elyo nshimba yayako yatampa ukulila, elyo baishiba ukuti kuli icililo ku Ng'umbo. E kutumako umubomfi ku cimuti ati: "ipusha ukwabela icililo." Elyo baamba ukwipusha: "Bushe ni ku Ng'umbo?", "bushe ni mu mushi mwa kantwa?", "bushe mwana wakwa Chipulu?", efyo baleipusha mpaka nshimba yaleka ukulila pantu nga yaleka elyo baishiba ukuti "ee, nifyo fine". E kukaka nomba ifipe, baya na ku cililo. Kanshi ilingi line kwaleba ukukumanya mu nshila nkombe ishatuminwe kukwita Kaniki ku cililo, ninshi ena naishiba akale.

Ifi fimuti emo alepupila. Kwaleba ukupituluka pa mayanda mu kweba ati: "Lelo takuli ukupanga ifyupo". Cila muntu nomba kubula ubunga nokuposa pa mumana wa Kapambwe ninshi Kaniki nafuma ku fimuti, alanda ne mipashi yakwe. Nomba umwine e wakulekelesha ukuposa ubunga no bulungu ubwakubuta pali Kapambwe. Bapupa ulucelo elyo akasuba konse bakanya amato ukupita kanshi abalefuma ku Butwa pakuya ku Kapalala kwaleba ukubakanya ukupita, bashika fye amato yabo mpaka babasuminisha ukwima nakabili. Mu lutambi lwakwa Kaniki kanshi akasuba pakati Kaniki elyo asosa ati: "Kapambwe nanga abana bobe!" Elyo palefuma iculu icikalamba pa mumana elyo ifingelengwe ifingi fyaamba ukumoneka: bamona abasungu, bamona abantu baletwa, bamona abaleteya bola, ifi fyonse baletamba mu musango wa "video" palya pa mumana.

Ba Kaniki pa mulandu wa ifi fintu baleenda nge mfumu, kabili balebafwaya ukwingi. Alishibe ne nkama ya kushilika imishi ku fiswango ku muti wa mfinshi. Efyo bamusendele na pe shilya ku Congo kwa Chimpeta umushi wa bena Mbulo uko aupile nokufyala abana cine konsekonse (8) nokubatwala bonse kwi Yongolo. Ukuupa bonse pamo aupile abanakashi cine konsekonse (8) nokufyalamo abana 72 abasalanganya incende shonse. Na basungu lintu baambile ukulaisa kwi Yongolo na mato yabo, bamo balebomba na ba Kaniki. Inshishi yabo yabela ku Mpeshi ku Malawi kabili mpaka na lelo ilesungwa bwino bwino no mucinshi.

Ba Kaniki balebomba no mwina Mpende umo, ba Chalowa. Ilyo baile kwata ukusokola pamo, Kaniki aupile umwina Nswi, nokuya aya ku kusokola umushitu uwabela ku Lufwishi uwitwa na lelo ati kwa Kaniki. Umushi wakwa Mankwa wena alishilile abena buko, na nomba waba wa bena Nswi. Bashimika ukuti Kaniki pakucingilila umushi abombele no mwana umwanakashi (mwina Nswi) ninshi wishi na mwana nabekala ubwamba, balolekeshanya, elyo ubukushi bwa mwanakashi baipika mu mpoto e kupanga umuti. Pali uyu mulandu abena Mpende balipelwe umushi. Umushi umbi Mashikini wena washala wa bena Ng'oma.

Abena Ng'oma bambi ku mumana

Abena Ng'oma ifyo bafyalikana kabili ifyo bapusana mu mafumo kuti mwabelenga mwi buku lyabo pantu abene baliikwatila ibuku lyabo ku Ng'umbo. Twalashimika fye umulandu umo wa ba ku mumana abafumine kwa Bwalya Mponda. Abena Ng'oma abaishile mu Butwa abengi bakwa Mwape Ncita nangu Mwenge Mwila. Pali Mwenge Mwila (uwa kwa Bwalya Mponda) bashimika ku myesu ukuti uyu muntu pakufyalwa nga bamutwala ku mulundu alelila sana, kano kumutwala ku menshi. Lintu akulile elyo aisasanguka icisoka. Na pali lelo abengi bailumbula ukuti

Ine ndi wakwa Mwenge Mwila Nkaka Swai

utalya nkoko iyakonda kano iya kunona.

Mwenge Mwila lintu afumine ku Ng'umbo e kuya kwa Chimembe wa Nkasa, e kuya kuli Chambeshi, e kubwela nomba mukupanga ubufumu bwakwe ku Lunga. Nkashi yakwe Mwape Ncita aliketwe ku nkalamo efyo afwile, ninshi ndume yakwe e kutwala icitumbi kwa Mukuku.

Ishitoli ya calo ca Kataba

Umumana mwa Kataba na Chifukaulo wa bena Kasha. Bashimika ukuti balipokele uyu mumana ku bena Chisenga. Kwali umwina Chisenga, aupile umwina Kasha we shina lya Chisala Kunda, balelima amasaka. Umulume wakwe ali mukanya ukupela abena buko ifyakulya aletana babululu nomba umukashi wakwe alepela abena buko ifyakulya ku mbali. Nomba kwali ubushiku bumo umulume wakwe aile aletandala ku bena bakwe, afika abepusha ati: "muli shani mwe baume kuno mulele shani?" Na bena bayasuka abati: "nga te mukashi obe acitupelako ifyakulya, nga ni nsala twacilala." Nomba ulya muntu tapangile icongo, e kuya ku mukashi ukuyamweba ati: "cinshi upelele balya bantu nakanya ukupela ifyakulya?" Nomba umukashi ayasuka ati: "bushe, bena bandi mpele, kanshi te bantu bobe nacipela?" Apo pene ne congo catampa ukulwa nomba mu musango wa mwanakashi bamucimfya, bamukoma isembe mu musana, nomba batampa kutensha.

Elyo kwali na Bangwa Mwandu, umwina Kasha, ali ni nalume wakwa Chisala Kunda, aleumfwika nge mfumu. Ena abena Chisenga balimupele bu sultani ku Kataba na bantu balemutula nokumupela ifyabupe, eico ba Kalasa Mukoso balandile ati: "awe ici cintu cacilamo; teti kube imfumu shibili, ku Luapula na kwena kwaba imfumu baletula ifyakulya ukufilwa nebo ukulantula." Ca cine, imfumu yaliimya ifiita ukufuma ku Kabende mukwipaya Bangwa Mwandu. Yafipela ne mfuti iyaikala ne mfumu iitwa makubi nokufyeba aiti: "Nga mwalisha umuku umo, mwapusa, ninshi capwa, kumuleka fye, mwilisha nakabili." Pantu imfumu yakonkele fye ukumutinya. Ca cine ifiita fya mfumu fyalisha imfuti nomba fyapusa, pantu Bangwa Mwandu nao abomfeshe magic wakwe. E ku pulila nomba ifunde lya mfumu, pantu tafyamulekele iyoo ukulingana ne funde lya mfumu. Fyaambile ukumusowa ku mumana no ku mwipaya ne misumbo. Elyo fyaputula umutwe wakwa Bangwa Mwandu nokuutwala ku mfumu. Efyo Bangwa Mwandu afwile.

Kanshi palya pene icintu bwingi e pakuya bonse pa nyika mukumona ifilecitika. Na ulya namayo uwakomenwe (Chisala Kunda) nao akonkele ku nyika, nomba kulya ku nyika eko afwilile, abantu bakwe kanshi tabalaishiba ukuti nafwa pa mulandu wa fyongo mukwipaya Bangwa Mwandu. Ilyo abantu babwela, elyo baikala panshi, e pakweba ati: nomba natumone umuntu wesu uo bakomene, tumutenshe, basanga talipo. Nomba e kwamba ukufwaya, e kusanga umo apitila kuya musanga pa nyika nafwa. E kuleta icitumbi. Bakuta nomba umulume wakwe: "Nomba mune, ni webo waipaya umuntu wesu!" Kwena takene, alisumina. Bamweba ati: "tulekwipaya!", bambi nabo ati: "Iyoo." E kulaisha abantu ku Kapata ku bena Kasha, baisako babili: Musabula na Kasembe Londwa, nabasenda imifwi. Ilyo bafikile batile: "Muleteni, twipaye", bambi kukana ati: "ngale twise tuumfwe ifyo alanda". Ca cine, bamwita, aisa, bamweba ati: "Apo watwipaila umwanakashi, tupele umuntu uwakufyala." Nomba nico talepela abantu bakwe ifyakulya, babululu bakwe balikana bonse. Nomba e pakweba ati: "Kanshi mwe bantu nshikwete ifyakupela. Kanshi namupela icalo ca Kataba." Abena buko e kweba ati: "twatasha, nomba tupishe umwapela Akataba", e kubapishamo monse. Efyo icalo ca Kataba caishile ku bena Kasha.

Ishina lya Kataba epo cali icimutaba epakwinika Akataba. Nomba ilelo tacilipo, pantu amenshi yaboseshe imishila nokuciwisha, cawa, casanguka no lukuni. Nomba umufungofungo waisa menapo. Ishina lya bu Kataba lyena talilafwa kabili tatulabelesha ukwita ncende ati kuli Mufungofungo! Mupepi ku Kataba mwasangwa umumana wa Chimfukaulo. Ishina lyalola mukweba ati amenshi yafukaula, yalabwesha na mato nga tabacenjela ukoba, eico bainika ati ni ku Chifukaulo.

Kunda Kabombo kwi Yongolo. Ici cimuti calupulike mu mutwe wakwa Kunda Kabombo muntu uwanwine icilundu ca bantu

Icipupilo ku Musenga

Lupako pali Cumfwa.

9

Ubufumu bwakwa Sokontwe

Ubufumu bwakwa Chimese Makandwe

Chimese Makandwe

Kunda Mutolola (e Sokontwe Lubebe)

(Kapoli) +1907

Kaloko (bamufumya 1914)

Ng'omba +1927

Mulando Saka

Simon Lubebe + 1975

Mary Serenje Chilambe

Chimese Makandwe afumine kwa Mibenge nomba icikolwe ni kwa Mabumba. Wishikulu ni Mbulu nangu tutile Konkomana. Mwana wakwa Nyina Munkonkoto umwanakashi ni Mulubwa. Uyu Mulubwa afyele banamfumu babili: NaMumfwa na Saka elyo afyele imfumu Sokontwe Chimese Makandwe. Chimese Makandwe aishile na bena Mbulo, kabili mukolo wa calo ali mwina Mbulo efyo caba na pali lelo. Mwi buku lyakwa Milambo bashimika ukuti "Sokontwe ena tali Mwaushi wine wine, pantu nakulu, ishina lyakwe Namunkonkoto, ali Mulala, aupilwe fye ku mfumu Iyaushi."[18] Awe, tefyo twaishiba kuno. Limbi

---

[18] Barnabas Chimba, *A History of the Baushi*, Cape Town, Oxford University Press, 1956, 5.

icalengele ukulemba ifi pantu aba Lala balifulile mwa Sokontwe elyo batweba abati abanakashi Abalala balemoneka abayemba sana eico Abaushi baletemwa ukubopa. E calengele ne mibele pamo ne milandile kuyamba ukupusana ne Caushi. Nomba Namunkonkoto te Mulala, iyoo. Nyina ali ni Nyina Tuti.

Umushitu wakwa Chimese Makandwe

Chimese Makandwe, cikolwe cikalamba ca ku bufumu bwakwa Sokontwe, alala mu mushitu wasangwa pa Lwimbe. Kabili wa ntambi: Nga baya mukwela mu Lwimbe kano babalilapo ukushila fimo pali Chimese. Efyo bafwile ukucita mpaka na lelo ukulingana no lutambi. Akale balesosa ukutila nga baela mu Lwimbe apabulo kupupa ninshi isabi baikata kulya pa cililo, pantu umwana umo mu mushi ali nokufwa. Abayako mukupupa bena Kashimu. Kanshi munshi ya cimuti ukwashikilwa Chimese Makandwe kuti mwasanga nangu pali lelo fwaka na matches ifyafuma kuli bakapepa (abena Nkalamo), nico Chimese aletemwa sana ukupepa fwaka. Upupa na pali lelo ni ba Andala Nshimba. Kunuma ba nyinabo balepupa, ba Mulubwa Donald. Elyo kunuma abalepupa ni ba Mulubwa Ng'omba. Basosa abati: "twaisa shikulu mukulomba umunani; twamiletela ubunga, fwaka na matches." Babika pa luputa, elyo babulapo utubunga utunono, bafumako, baya ku Chisapa. Tulya utubunga baposa pa Chisapa, bayaula utupundu. Ba Andala e bakubalilapo ukuposa ubunga, elyo bonse baposapo. Elyo bengatampa ukwela ukulingana no lutambi.

Kunda Mutolola

Chimese Makandwe, imfumu yantanshi yakwa Sokontwe, inkashi shakwe shonse shibili shalimufyalile abepwa. Lifumo likalamba ni NaMumfwa, lifumo lyaice ni Saka. Mwa NaMumfwa mwafuma banamfumu babili: NaMwinshi na

Kasongo. Namfumu umbi ali ni Kunda nomba ali ng'umba. Namwinshi e wafyele imfumu Kaloko. NaMwinshi nangu NaMweshi ishina lyakwe lishimika ubulanda bwakwa uyo mayo pantu abana abengi balefwa libe tabalakwata umweshi nangu umo e kweba ati: "Nebo Namweshi wa mbiko!" Kasongo alifyele banamfumu nomba bamo bali ng'umba bambi bafwile mu bwaice. Mwa Saka (mwaice wakwa NaMumfwa emukutila mwifumo lyaice) mwafuma Fwitama, NaChibanse, Sokontwe Lubebe (uwapyene ubufumu) – emukutila Lubebe mukalamba, Nkandu, Chimpunta, Soboli, na Saka (mwanakashi uwali ng'umba). Munyina umbi wakwa Sokontwe Lubebe na Fwitama ali ni Chibalawe: bamo batila ukuti e Chimpunta, nomba tatwaishiba bwino pantu amashina kuti yafulungana.

Aba bonse ukutampa na ba Fwitama, ba Sokontwe Lubebe, na ba Chibalawe balikwete amalinga yabo, bambi balundapo no munyina umbi, ni Mulakwa. Ilinga lyakwa Chibalawe lyabelele ku Lobe, elyo Fwitama ni ku Milenge. Nomba uwapyene ubufumu pali Chimese Makandwe ni Sokontwe Lubebe e Kunda Mutolola. Abantu balemutina nganshi. Ndoshi ne fipondo alebaputwila amaboko na makasa. Bamwitile "Lubebe" emukutila "Lubebe wa mulilo", pantu amenshi mu mpoto pa mulilo nga yaamba ukubila, yaitila, owe, pasopu!

Umulandu umo waishibikwa uwacitikile mu nshita yakwa Kunda Mutolola. Abena Kabende bakwa Mushili Mufwaya kanshi baleingila sana mwa Sokontwe. Epo ali umwina Ngulube umo wakwa Mushili, ishina lyakwe ni Shonongo.[19] Uyu Shonongo kanshi apangile ukwingilila ba Sokontwe pa kuti apoke icalo. Tali mfumu iyoo, nomba aleenda na ba Mushili kabili ali icita ca nkondo kabili ali na manga ya nkondo. Balwa, balwa, basuka bacimfya ici cipondo ku kamana aketwa Akashamata akabela ku Lobe. Icalengele ukumucimfya pantu

---

[19] Kwa Mushili Mufwaya bashimika ukuti uwapangile ulubuli na Sokontwe ni Kalisha Bwalya, nomba tatwishibe ngo muntu umo wine nangu umbi.

abana ba mfumu baipeleshe sana ukufwila umusumba:
"Natuyeko fwe bana, tufwe!" Bamo bamo bashimika ukuti umo
muli aba ali ni Malenga Kasompe. Basuka baipaya Shonongo ne
nkondo yapwa.

Amalumbo yakwa Sokontwe ni aya:

Mwa Kampamba muno tamubuka utupondo

Ni Malubebe ya mulilo tamubuka utupondo

Bashi Mutona ni bashi bukala pa Chishinga wise mupiluke
bwalya abalala

Ne Mutemwa abaya abekala eo afulwa

Mwa Nkumbi kumbi lubebe wa mulilo.

Abasungu balembesha ubufumu: Kaloko na Kapoli

Sokontwe alikwete umwipwa ishina lyakwe ni Tumbanya
mwana mwa NaChibanse. Ici cali lintu abasungu baishile
mukupanga ne boma kwa Sokontwe. Uyu muntu nao
aleyumfwila nge mfumu. Nomba baishile mubepesha abati: "We
mfumu, uyu muntu Mumpanshya alalala na bakashi bobe!" Ati:
"Mwikateni!", bamuleta. Nomba ena akaninina ati: "We mfumu
ine nshapanga umulandu." Imfumu yena yakalipa. Bashongola,
bashongola amenso yonse yabili, elyo batetaula amakasa yonse
yabili elyo na maboko yonse yabili efyo bamuleka. Umukashi
wakwe e kuya kwa Milambo ukwasangilwe Bwana Kalela
Mukoshi (Mr. Harrington), amushimikila ati: "Banjipaila
mulume ku mfumu." Bwana Kalela apopolola amatente e kwisa
nomba ku Kansoka ati: "Leteni uyu muntu." Kanshi baleta
umusha abati: "eo!" Umusungu ena kukana ati: "awe, teo! Ni
uyu wine ndefwaya." Baikata Tumbanya. Ba nyina pa kuumfwa
ifi, kubula abasha bambi nokutwala kuli bwana, bwana akana:
"tebo, ni uyu wine ndefwaya." Aikata uyu mwipwa wa mfumu,
bapanika. Imfumu Kunda Mutolola e kuleta nomba ameno ya
nsofu, yatwala, bwana kukana ati: "Ifi tatulefifwaya, iyoo." Na

bashamfumu bambi ukufuma ku Bwaushi na ku Kabende baishile mukupapatila uyu muntu, awe Kalela Mukoshi asenda uyu Tumbanya nokumutwala ku Kalungwishi uko bamukaka, nokufwa eko afwilile, tabwelele mwa Sokontwe. Ilya nshita no mwipwa umbi wakwa Sokontwe bamwipeye ku nsofu.

Abasungu lintu bayambile ubuteko bwabo balembeshe imfumu shibili ishikalamba mwa Sokontwe. Umusungu uwashilembeshe ni Mr. Harrington. Abantu bena balemukuta "Kalela Mukoshi" pantu ali umutali. Mwa Sokontwe alembeshe imfumu shibili ati: mwaba imishi yakwa Sokontwe elyo ne mishi yakwa Kaloko. Sokontwe ena alifwile pa kwisa kwa basungu.

Muka Sokontwe ali mwina Mbulo, mukolo Chanda. Elyo aisapyana mukolo Chisenga, elyo mukolo Mutaba. Bonse bena Mbulo ukulingana no lutambi. Bashimika ukutila Kaloko libe talapyana ubufumu bwakwa nalume kanshi alebifya na mukolo Chanda; nalume lintu afwile, Kaloko e kuya kufuma nokupanga umushi ku masamba nico aletina nalume wakwe ati: akambukila! Kanshi bamo bamo bashimika mukweba ati uyu wine mulandu walengele ukwita Kapoli kukupyanika muka Sokontwe.

Kanshi panuma ya mfwa yakwa Sokontwe, imfumu Kapoli yaishile pyana muka Sokontwe. Eo Bangeleshi balembeshe pa bufumu nomba ukulingana ngefyo batulondolwela ku musumba tali imfumu ine ine kwa Sokontwe, bamukutile fye pakuti apyanike muka Sokontwe. Aishile mu 1904 nokufwa mu 1907. Kapoli afumine mupepi na ku mumana wa Lwela mupepi na ba Ng'omba. Kanshi ukutampa na 1904 aleteka imishi imo imo ku Lwela elyo imishi imbi kwa Sokontwe. Uyu Kapoli alifwile mu 1907. Ilya nshita yonse ninshi na Kaloko alikwete imishi yakwe. Impyani ine ine yakwa Sokontwe ni Kaloko. Nomba mpaka na pali 1907 abasungu baleishiba imfumu shibili mwa Sokontwe: Kaloko ne mishi yakwe elyo na Kapoli ne mishi yakwe. Imfumu shonse shibili shaleteka imishi kuno ishilya elyo na kulya ishilya lya Luapula pali lelo tutila atuti ni ku Congo. Mu 1907 Kapoli alifwile elyo Kaloko ayambile ukuteka abantu bakwa Sokontwe pamo na bantu bakwe. Ukutampa mu 1907 Bangeleshi baishiba mwa Sokontwe fye ubufumu bumo kabili imfumu imo.

Bapokolola ba Kaloko ubufumu

Papitile imyaka fye inono elyo ubuteko bwa basungu bwafumishe Kaloko ku bufumu pa mulandu wa bukabolala ubwafumine ku bepwa na ku bana. Mu mwaka wa 1914 elyo bamupokolola ubufumu. Uyu mulandu ukulingana ngefyo bashimika wali ngefi: Kaloko aleikala mupepi na ku Kapalala. Kanshi baikete bakabolala ku Mikoti, aba bali bepwa bambi bana ba mfumu. Abasungu e kuya soka imfumu Kaloko. Nakabili baikata bakabolola ukufuma kwa Kaloko: bamo ku Serenje, bambi ku Mikoti, nakabili basoka imfumu. Nomba abantu bakwa Kaloko tabalekele bukabolala, iyoo. Ubushiku bumo Bangeleshi baikata ba kabolola bambi batatu, nakabili bafumine kwa Kaloko. Bafika na messenger ku Kapalala, na aba bakabolala basenda, bakuta bamwine mushi bonse pamo ne mfumu. Kulya ku Kapalala mu mushi mwa Chipe mwabelele icimuti icikalamba ninshi munshi yaciko baleteka ifilye na Bangeleshi. Nangu mukwisa mukusonkesha abantu eko balelonganina. Munshi ya cimuti kanshi baita ba Kaloko: "Nga aba bantu twikete bushe bantu bobe?" – asumina, ati "ina, bantu bangi." Elyo atuma messenger ati: "leta imbale na menshi." Atuma na umbi: "Leta sopo." E kwita nomba ba Kaloko ati: "Samba iminwe." Kaloko pakusamba iminwe e kumweba ati: "We Kaloko, nausamba ubufumu, nomba ubufumu bobe bwapwa."

Ba Ng'omba

Nyina Namwinshi alifyele na bambi abana pamo na Kaloko: Kampala na Kasongo, baice bakwa Kaloko. Kasongo ena ali mwanakashi ng'umba. Mwaice wakwa NaMwinshi Kasongo nao afyele ng'umba shibili, Kunda Kanyondo na Lubebe, no mwaume Songwe, nomba Bangeleshi lintu bapokolole Kaloko ubufumu mu 1914 aba bonse tabalingile ukupyana. E kwita nomba ba Ng'omba Kasongo ukufuma ku'Iseke. Uyu Ng'omba ali mwipwa wakwa Kapoli mwa namfumu Kabayi. Uyu Kabayi alifyele imfumu imbi: mwaice wakwa Kasongo uwakuteka kwa Ng'omba, ishina lyakwe ni Nkandu. Nyina wakwa Kabayi na Kapoli nao ali ni Kabayi, mwana wakwa namfumu Nakaweli uwafyele imfumu Saka, nalume wakwa Kapoli.

Ba Ng'omba pa kwisa kuteka, awe, abantu bakwa Kaloko tabatemenwe nakalya. Nangu ingulu sha ku bufumu isho beta tuKampamba, awe, tabapele ba Ng'omba, iyoo. Kabili ishi ngulu shalishupa pantu tashiyabuka imimana. Pali ishi shine ngulu sha ku bufumu tufwile tulelandapo pe samba pantu shili shibili, Chimese na Kampamba, tuKampamba kanshi twalishala kwa Kaloko mpaka na lelo, nomba Chimese alesungwa ku mfumu Sokontwe. Pantu ba Kaloko nelyo babapokolwele ubufumu balesunga ingulu shabo sha ku bufumu mpaka nokufwa kwabo. Na pali lelo eko shili kwa Kaloko.

Mulando Saka ne mfumu ishakonka

Ba Ng'omba lintu bafwile mu 1927 kwali ukutunganya mukweba ati: alifwa ku bwanga bwa bena Sokontwe e bamwipeye. Pantu kwa Sokontwe ba Ng'omba Kasongo afwile mu November 1927. Papitile fye imyeshi ibili elyo no mwaice wakwe Ng'omba Nkandu alifwile kwa Ng'omba. Awe, abengi batungenye ukuti bena Sokontwe e babalowele! Kwa Ng'omba uwapyene pali Ng'omba Nkandu ni Longwani (mwana wakwa

Mulubwa Muombo, uwali mwana wakwa Namima, nkashi ya mfumu Saka kabili mukalamba wakwa Kabayi nyina Kapoli nangu tutile nakulu Kasongo). Ba Ng'omba balikwete umwipwa ku Mulungushi we shina lya Tukula uwalefwaya ukupyana ubufumu. Ku mfumu Milambo alandile mukuti: "Kwa Sokontwe takwaba abantu bambi ba ku bufumu, balifwa bonse." Abena Ngulube bakwa Sokontwe bena balikene. Kanshi kwali ifyongo ku Mansa pa kusonta impyani. Ba Mary Katulusa basuka baeba aba ku buteko abati: "abantu besu epo baba, kabili nabakula nomba." E kubula Mulando Saka nokumubika pa bufumu. Uyu Saka ico bamukutile "Mulando" nico alilemene ku kulu. Amashina yambi ni Saka Shilulumbe, nangu Chitesheni. Ba Mulando balepepa ne nte shakwa Jehovah nokucincila sana mu cilonganino ca bante.

Uyu Mulando ali mwishikulu wakwa Sokontwe Lubebe (Kunda Mutolola). Nkashi yakwa Kunda Mutolola ali Nyina Chibanse uwafyele banamfumu batatu: Saka Kakulu, Mulubwa na Saka Kaice. Ishina lya Nachibanse lyalola mukweba ati ndume shakwe pamo na Sokontwe balefwaya fye abepwa abasuma abatali, bambi baleipaya mwibende. Nkashi yabo e kwiinika ati: "nine nyina Chibanse" pantu ifyo bafumya mu butala amale na masaka cila nshita efyo balecita na bana bakwe. Saka Kakulu e wafyele imfumu Mulando elyo no mwanakashi Saka. Mulubwa afyele umwanakashi Kaole elyo no mwaume Tandeo. Kaole afyele ba Simon Lubebe abali pa bufumu ukufuma mu 1955 ukushinta na mu 1974. Saka Kaice e wafyele Jogo (mwaume) elyo Mulubwa Katulusa, mwanakashi. Uyu Mulubwa Katulusa e wafyele ba Maria Serenje, abapyene ubufumu mu 1975. Kanshi ishi mfumu shonse shafuma mu nda iyaice yakwa Saka, Kaloko fye afumine munda ikalamba yakwa NaMumfwa. Ba Mulando lintu bafwile elyo umwipwa wakwe apyene, Lubebe Simon. Ena afwile mu 1975. Uwapyenepo ni Ba Mary Serenje, bana Chibanse, nabo bene bepwa kuli ba Mulando.

Ukushika mfumu

Twalondolola pa mulu ifyo bashika ba Kasoma Bangweulu. Ba Sokontwe pamo ne mfumu shimbi nifyo fine. Tulondolole nomba ifishelepo mukupwishishisha ilyashi. Sokontwe nga afwa, balebula bali, abena Lungo nangu bena Nkalamo. Pali balya bantu e balinda imfumu libe tabalashika mu ng'anda ya citumbi. Imfumu nga yatuta ukufimba balya bantu e baletapa amafina ya mfumu nokulonga mu nsupa. Nga bamona yafimbuluka, amafina yonse nga yafuma, imfumu yauma, ninshi nomba baeba abantu: "imfumu naifwa." Mu mbokoshi mukati baanshika insalu iyabuta. Mulya mu mbokoshi mufwile mwaingila umwina Lungo. Nga afumamo e kubikamo nomba imfumu nokuitwala ku manda. Mu minwe nababika amala ya nkalamo ukufuma ku lufuba lwa babenye. Abena Lungo nabapanga ilinga balwisha abena Ngulube beisaingisha icitumbi ku manda. Abena Ngulube bacimfya, elyo nomba umwina Lungo aingila mu cilindi nokwifimba ne citenge. Mu cilindi kanshi nabemba akapetula umwakulala imfumu. Abena Ngulube baamba ukuposamo ulupiya mpaka abena Lungo baeba bululu wabo ukuti shafula, aima. Na mafina bashika.

Chaungwa, Chimpala na Chimuka

Elyo bafwaya umwina Lungo ukulinda pa manda limbi umulungu umo. Kanshi ukulingana no lutambi nga asanga uluputa nalulepuka, pafwile palefuma inkalamo shibili. Uyu mwina Lungo nangu mwina Nkalamo bakulamukuta nomba ni Chaungwa. Uyu Chaungwa abwekela nomba ku mushi, ayaeba nyinamfumu ukuti pa luputa napafuma inama shibili. Ulya Chaungwa e kumweba nomba ati: "ulepempula fye nga bwaca." Nga asanga inama nashikula e kumweba ati: "Usende ubunga elyo usende ne nkula." Atula pa nshi. Nga asanga ukuti shalya ubunga ninshi mfumu. Nga nkula ninshi nkalamo. Nga abwekela mu mushi elyo ashimika: "umo alya nkula umbi ubunga." E kumupela nomba ishina limbi, aba nomba Chimpala. Shilya inama nga shakula shafuma ku luputa e kuya nomba mu mpanga, shaamba ukwikata nomba inama. Ilya inkalamo iyalile pa nkula yaikata inama nokulalya. Ibiye yena (iyalile pa bunga) yaikata inama nokulya iyoo. Nga yaikata e kulila nomba "Chimuka, Chimuka!" elyo Chimpala aishiba ukuti yaikata inama. Batola nokutola. Inkalamo yena ishina lyaiko nomba ni Chimuka. Efyo kanshi bashika imfumu ukulingana no lutambi.

Ulutambi lumbi lwakumana imfwa ku musumba. Kanshi libe tabalaamba ukulosha umuntu ufwile, bafwile ukwibukisha libela mfumu. Pakwibukisha imfumu baya ku makombo, basamuna amakombo batula panshi kanshi nabatantika ameno ya nsofu iyaipaiwe kuli Chimuka nokusangwa kuli Chimpala. Elyo nomba baleya mukulosha. Pa mulandu wa nkalamo sha ku bufumu kuti twalundapo ukuti kwa Mafuta kwaleba umushitu uo batemene mu ma 1950s uwaleitwa Mbulumina kanshi emo shalesangwa sana ishi shine nkalamo sha ku bufumu na bantu tabalepitana pitana pali iyi ncende.

Tu Kampamba

Abasungu ilyo bapokolole ba Kaloko ubufumu, amakombo ya bufumu yamo yaselele nomba ngulu imo ikalamba tayaselele, na nomba yasangwa kwa Kaloko. Ngulu shikalamba shakwa Sokontwe ni Kampamba na Chimese. Kanshi Chimese alesungwa lelo kwa Sokontwe, elyo Kampamba ashala kwa Kaloko pantu iyo ngulu yalishupa sana kabili tayabuka imimana nga baipisha ku mumana ninshi kuonaula icalo. Abasunga tuKampamba ukulingana ne ntambi bena Mbulo. Imimonekele yakwa Kampamba: kabuta akamoneka fye cimbi cimbi kabili tumifwi inono iyakubeka nganshi. Mulimo wakwa Kampamba: kusunga icalo cakwa Sokontwe nokutamfya ifipondo. Nga fyaisa

ifipondo mukubengilila elyo Tukampamba twaamba
ukufisokolola nangu ukufiipaya. Ukulingana ngefyo bashimika
nga batantika imifwi pa buta elyo ifipondo fyaisa ninshi imifwi
kwamba ukulila. Akale abantu balefikako elyo kwaleba ulutambi
ulwakutantika ubuta ne mifwi no kwipusha Kampamba pa fintu
baendele. Ukulingana no lutambi tabaleyako ne minwe iyafina
nangu nga bafumine ku cupo. Na pali lelo efyo cili te kashimi,
iyoo, tuKampamba eko tuli kwa Kaloko nokumona kuti
mwamona cikulu mulekonka ntambi.

Pa kwipusha Kampamba balebika ubunga ne nkula munshi
ya mata limbi balelundapo ne mpemba. Kanshi ulucelo basanga
ukuti pa nkula nabalya elyo baishiba ukuti cipondo cabengilila.
Ulu lutambi lwabombelwe sana nga baumfwa inkalamo
shalebulumuna pantu inkalamo shalepusana akale kwali
nkalamo shimbi isha ku bufumu elyo ne nkalamo sha fipondo
elyo nkalamo sha calo ukulingana tulondolwele pali ba Kasoma
Bangweulu ne mfumu shimbi sha cina Ngulube. Kanshi nga
basanga ukuti nabalya ku mpemba ninshi tabalesakamana pantu
inkalamo sha ku bufumu tashaleikata abantu. Nangu pakwipaya
inama, inkalamo sha ku bufumu tashalelya isho shaipeye,
nomba abantu baletola fye, babika mu mpoto. Nomba pali
Kampamba nga basanga ukuti nabalya pa nkula ninshi kwaleba
ukusakamana no kwima mu kwipaya inkalamo.

Kalya Lukungu

Bambi nomba kuti batemwa ukwishiba ati: Chimese Makandwe
bantu nshi asangile mu calo lintu aishile panga ubufumu pamo
na bantu bakwe? Chimese afumine ku Bwaushi elyo pakwisa mu
calo mwa Sokontwe aisa sanga abena Ngulube bambi
abatangilepo: NaMutolwa na bantu bakwe. Aba bantu lelo
tulebeta ati: bakwa Kalya Lukungu. Ukulingana ngefyo
balondolola, bamo batila ukuti: Na Mutolwa e Kalya Lukungu
wine pantu ali imfumu iyanakashi. Bambi bena balondolola

ukutila Kalya Lukungu ndume yakwa NaMutolwa, uwalesubila ukupoka abepwa muli uyo namfumu pakuti bakaleteka icalo cakwe.

Uwaingila mu mushitu tomfwa nswa nswa! Kanshi apo twingile nomba mukulondolola ilyashi ilyashupa nganshi, tukonkanyepo nelyo abantu bapusana sana mukulondolola. Ubufumu bwakwa Kalya Lukungu bwalionaika, eico takwaleba ukusunga ilyashi lyakwe busaka busaka mu cintu bwingi. Abena Ngulube ba ku musumba bonse bakwa Chimese Makandwe. Abena Ngulube bambi ku Milenge bakwa Kalya Lukungu. Twalaumfwa bonse ifyo balondolola, cila umo ne nsambu shakwe, nomba fwe abalembele ibuku ifwe twalicepa teti twishibe bwino icishinka. Mwe bene panuma ya kubelenga mbali shonse mwishibe ifyo mwingasenda.

1. Ku musumba kwa Sokontwe balondolola ukuti imfumu Chimese Makandwe pakwisa kwa Sokontwe mukuteka ninshi yasangile abena Ngulube bambi abatangilile pamo na Kalya Lukungu uwafumine kwi Lala (bambi balondolola ukutila kwi Lamba) elyo ne nkashi yakwe NaMutolwa. E kutuma amashiwi kuli ena ati: "Mwebe Kalya Lukungu ukuti ine naisa nomba mukuteka. Abwekele fye kwi Ilala uko afumine!" Pakumfwa aya mashiwi yakwa Chimese ninshi NaMutolwa aumfwile sana icikonko mu mutima wakwe, aile iciyeyeye nokuyafwila mu mpanga ku Chipya, eko bamutolele nokumwinika ati: ni NaMutolwa. Emo kanshi lyalola ishina lyakwe iliti Na Mutolwa. Kalya Lukungu nao alifwile. Balondolola ukuti tabamwipeye kuli Chimese Makandwe, iyoo. Alifwile pantu aleenda fye iciyeyeye ailekelesha, asuka afwa ku maundu.

2. Abena Ngulube bakwa Kalya Lukunga abasunga icipupilo cakwe balondolola ukuti Kalya Lukungu imfumu iyanakashi iyafumine kwa Milambo mukutola cino calo.

NaMutolwa e Kalya Lukungu wine. Milambo uwalipo ni Kaole, e Milambo mukalamba. (Ukulingana ngefyo Bangeleshi balembele pakulembesha ubufumu, uyu Kaole atekele 1847-1877.)[20] Balondolola ukutila Kalya Lukungu aupilwe ku mwina Mbulo (bambi batila mwina Ngo) uwali mwana wa bena Nkalamo, ishina lyakwe ni Nsekemuna. Aba bantu abengi bali AbaLala pantu kwi Lala bafumine. Imfumu Milambo kanshi yaletumako inkombe cila nshita mukufwaya umutulo wa munani. Kalya Lukungu aletula, nomba umwaka umo ninshi baleikala mu nsala e kweba nkombe shakwa Milambo ati: "mwebe imfumu ukuti yena kuti yalya umunani nomba ifwe kuno tulye fye ulukungu? Bweleleni! Ngeco mwatemenwa mu calo ca bakolwe cinshi? Milambo cinshi ashibombela?" Eico bamwinike ne shina lya Kalya Lukungu. Ba Milambo te pa kufulwa. Yatumako bashilika baiko aiti: "umuntu onse mulesanga mu nshila mukome!" Kwi shamo basangile lumbwe, bamulasa ne mifwi, bamwipaya, elyo batwala imifwi ya mulopa ku mfumu Milambo. NaMutolwa (e Kalya Lukungu) nomba pa cililo, awe, icikonko calimukalipile sana kabili tacapwile iyoo. Asha abena Ngulube banankwe, nabekala ne mfumu ishaishile mukulosha, aimina icifumpu, alola iciyeyeye mu mpanga, nasenda ne mbaso ne mifwi ya mulume. Abanankwe pakumona ukuti tabwelele, e kuya kufwaya imfumu: "Owe, imfumu yaluba!", bafwaya, bafwaya, nomba bonse bafilwa.

Panuma ya myeshi ubwingi mulunshi wa mbwa asangile NaMutolwa, nalala munshi ya mupapa, apetama. Mu mupapa wine asangile mbaso yakwe no mufwi. Batola imfumu, bashika, nomba pakuti basange nakabili umupapa ne mbaso ne mifwi bafilwa nokufilwa. Uwatolele imfumu ni ng'anga Malenga Kasompe.

---

[20] Uyu Milambo abengi kwa Sokontwe bailumbula ati Myelemyele, nomba teo, ni Kaole. Myelemyele alipyene ubufumu mu 1877.

3. Bambi abena Ngulube bakwa Kalya Lukungu balondolola ukuti Kalya Lukungu ndume yakwa NaMutolwa uwalubile mu mpanga, ninshi uyu mwanakashi aikulika ku cikonko ca kulosha mulume. Abena Ngulube banankwe e kwebaula ndume yakwe Kalya Lukungu mukutila: "Ni webo walenga nkashi yobe kufwa ku cikonko pantu walikene ukutula ba Milambo umutulo." Kalya Lukungu nao aumfwa nomba icifukushi icikalamba, nao wine afuma fye iciyeyeye mukufwila mu mpanga, ati: "Kuti bampokolola shani ubufumu, ne uwatola cino calo."

4. Bambi bashimika ukuti ng'anga iyasangile imfumu munshi ya cimuti apo yafwilile yali ni Malenga Kasompe, mwina Ngo kabili mwana wa bena Ngulube, kabili wa mu lupwa lwakwa Kalasa Lukangala, kabili mwa Chisapa Kaole. Ing'anga Malenga Kasompe yaishile mwibumba lyakwa Chimese Makandwe (Sokontwe). Natumfwe nomba ifishimikilwa ku bana baiko.[21] Kalya Lukungu imfumu iyanakashi, lumbwe ali mwina Tembo uwa kwi Lala ishina lyakwe ni Chiwanga. Kalya Lukungu kuli Chimese ali nkashi yakwe nomba te wa mu ng'anda imo ine, iyoo. Ubushiku bumo kanshi kwali ubwalwa. Baipaya inama pamo ne nsofu elyo baamba ukulya kabili ukunwa. Abalipo bengi pamo na Chimese Makandwe na Kalya Lukungu, kabili bepwa bakwa Chimese (Chibalawe na Fwitama) no mwishikulu Tumbanya. Bambi abalipo ni Choshi elyo na Muluba Ng'ombe. Ne ng'oma balisha: mwimbi, lunkumbi, chanda, mfukula ne tumba. Chimese lintu afumako, awe, Kalya Lukungu atampa ukutuka insele: "Anya umwina Ngulube, aikuta!" Iyo nsele atukile kunuma, nomba batwele ilyashi kwa Chimese abati: "Bakutuka kuli Kalya Lukungu." Chimese te pakufulwa ukuti mwanakashi amutukile nsele. Mu lubuli

---

[21] Ulelondolola ifilekonkapo (ba Lazaro Malenga) baliumfwile ifi ku mukalamba wakwe ba Mulubwa Talibula.

ulwakonkelepo, awe balasa lumbwe, afwa nokufwa. Icililo cakwa lumbwe ukulingana no lutambi casendele imyeshi ingi. Panuma umwaka umo elyo Kalya Lukungu asenda fwaka, asenda cinkuli, aya mu mpanga. Abantu bamufwaya, awe, bafilwa ukumusanga.

E kwita nomba ng'anga shitatu: Malenga Kasompe, Mulelya na Lwimba Fibanda. Pali ishi ng'anga shitatu, iyatolele mfumu ni Malenga Kasompe. Kanshi alikwete imbwa shibili, apita ku Kamilulu, apita ku Kamumpupa, apita ku Mununshi, ninshi yaipaya inama shibili: nshimba elyo inama imbi. Elyo akumana Umulala uwatuminwe kuli mfumu Mwape (e mfumu Ngosa Kapenda) mukwishiba icishinka pali Kalya Lukungu pakuti aumfwikishe pa mfwa yakwe. Malenga Kasompe e kumweba ati: "imfumu yaliluba nomba imyeshi ingi, tatulatola." Efyo uyu Mulala abwekela mukushimikila imfumu Mwape. Malenga Kasompe ena akonkanyapo ulwendo mu mpanga mpaka imbwa shakwe shaamba ukubutuka, shasanga imfumu. Asanga ukuti imfumu yalala munshi ya mupapa, yaibindika, yaifimba na blanket. Kabili Malenga Kasompe asangile ukuti takulaba inama nangu imo nangu bubenshi nangu ifyuni ifyaambile ukulya mfumu, iyoo. Eico Malenga apangile nkoloso pakufimba icitumbi, abwekela ku mushi mukweba imfumu ati "natola Kalya Lukungu." Ukuba kwena alitinine Chimese ati "kuti anjipaya". E kuya kufika mu malinga mwa Chibalawe na Nyina Munkonkota pantu ilinga lyakwa Chibalawe lyabelele mupepi ne linga lyakwa Namunkokota uwali mama wakwa Chimese Makandwe. Chibalawe e kuya kwa Chimese, elyo Chimese atuma amashiwi ku bena Mbulo ukutila balishe imangu:

"Kunda nkalabantu kampaka ta nchiti twafwa"!

Balongana abantu elyo Malenga alondolola ifyo asangile mfumu. Chimese elyo asosa ati: "te ne naipaya iyoo. Shikeni, umwine aiipaya." Bashika ku ncende twita lelo ku Kapala ka Milenge. Pakusonta uwakupyana e kusonta nomba Chimese.

Nao ateka, nomba panuma fye imyaka inono nao wine afwa nokufwa.

Kanshi ba Malenga Kasompe bali babili. Uwantanshi alifwile mu 1900 elyo alikotele sana pakufwa ni uyu wine uwatolele icitumbi. Uwapyanako (mu 1901) ni Malenga Kasompe wa cibili.

5. Abena Nkalamo bamo balondolola ukuti lumbwe wa mfumu mwina Nkalamo. (Apo ilyashi talipusene sana pantu abena Tembo bafuma ku bena Nkalamo nokulingana ngefyo tulelondolola kwisamba; abena Nkalamo na bena Tembo ni bamo bene.) Kanshi bashimika ukuti Kalya Lukungu nangu Kalya Lukungwe e NaMutolwa wine. Abena Nkalamo balifumine kwi Lala mu myaka ya kunuma sana, kabili balisangilwe mwa Sokontwe kwi bumba lyakwa Chimese. Kanshi Chimese Makandwe alisangile imfumu iyanakashi Kalya Lukungu. Bushiku bumo Chimese atumine ababomfi bakwe ati: "Kebeni Kalya Lukungu ati ine ninjisa." Nao amupokelela bwino bwino ati: "ni ndume yandi" nokutumako ifyakulya. Panuma ya kwikala inshiku ishingi bacilolo batampile ukulabepa ubufi ubwakweba ati: Kalya Lukungu alefwaya ukupokolola Chimese ubufumu. Eico Chimese apangile ukwipaya lumbwe wa mfumu, umwina Nkalamo. Imfumu yaebele ababomfi baiko ukuti: "Mukafume ku maca mukabelame ku cimbusu." Ilyo lumbwe wa mfumu aishile ku cimbusu, bamulishishe imfuti nokufwa afwa. Elyo Kalya Lukungu aumfwile icipyu, aya iciyeyeye nokwikulika mu mpanga ya Milenge.

6. Owe! Ubulondoloshi bonse bwapusana! Nga waipusha umukalamba umo, alondolola. Waipusha na umbi, fyapusana. Mwitendwa kanshi nga twalundapo na fimbi ifyafuma ku bena Ngulube bambi. Balondolola ukuti Kalya Lukungu munyina kuli Chibalawe na kuli Fwitama kabili NaMutolwa nkashi kuli aba bonse. Kanshi ubushiku bumo

nkashi yabo NaMutolwa tabwelele ukufuma uko aile eico basuminishanya abati: "Tiyeni nomba tufwaye inkashi yesu twalufishe, tumone ukwaile NaMutolwa". Bamufwaya mpaka bamusanga mu mpanga ya Milenge. Basanga aupwa ku mwaume. Uyu mwanakashi kanshi abapokelela fye bwino bwino, nomba ndume shakwe bakana, baumfwana nokuti: "ifyo aupwa nomba kanshi nkashi yesu akaleka ukutuumfwa fwe ndume shakwe – kanshi natumwipaile mulume pakuti akanake." Bakumbile ubwalwa ubwingi nokwipaya inama ishingi sana. Elyo batuma abantu ku mulume mukutila: "tuye mu mpanga, eko tukanwine ubwalwa ubu." Kulya kwine baimba icilindi. Ulya mwaume lintu akolwa eko bamwipaya kulya kwine. Bambi baya nomba ku mukashi mukumweba nokuti "bakwipaila mulume!" – "kuli bani?" – "kuli balya bene ba Kalya Lukungu, ba Fwitama na ba Chibalawe." Nomba lumbwe alikwete imifwi ya bulembe. Kanshi NaMutolwa abula imifwi yakwe, ati: "Mpaka na ine naipayako umo!" Batampa nomba ukulwishanya, balwishanya, mpaka imifwi yonse ya ulya mwanakashi yapwa. Elyo abutuka ulubilo ukuya ne cipyu mu mpanga ya Milenge emo ailefwila. Bamufwaya, bamufwaya, elyo ba lunshi wa mbwa bamusanga munshi ya mupapa. Elyo bakanya icalo pakati kabo: Kalya Lukungu atolele icalo ku masamba, Fwitama ku Milenge elyo Chibalawe kwa Sokontwe. Bashimika ukutila uwakubalilapo ukufwa ni Kalya Lukungu, kanshi bakanya icalo. Uwakonkele ukufwa ni Fwitama. Uwakulekelesha ukufwa ni Chibalawe. Balondolola ukuti imishi yakwa Kaloko yali ni yakwa Fwitama. Yakwa Sokontwe yali yakwa Chibalawe. Mwi fumo lyakwa Kalya Lukungu (lifumo likalamba) mwena abantu balefwa abengi eico no bufumu tabwabelelele.

Icipupilo cakwa Kalya Lukungu

Kanshi nomba twaumfwa ifyo ubulondoloshi bwapusana ukulingana ne ncende shesu. Nelyo ubulondoloshi bwapusana icipupilo ciliko mpaka na lelo. Kanshi pakupupa kwa Kalya Lukungu ku Milenge balecita akale imfumu nga yatumako amashiwi kuli ba Mwami (uyu namayo mu lupwa lwa bena Ngulube bakwa Kalya Lukungu e walepupa), maka maka imfula nga tayaleloka, elyo bapupa mukweba ati: "Cino calo cakwa Kalya Lukungu, lelo imfula imoneke, abantu bobe befwa ku nsala". Babika ubunga na fwaka, ubwalwa bwena tebo. Elyo balisha ng'oma, elyo ba Mwami baamba ukushana, bashana, bashana, mpaka akukumbi kaisamonekela kwiulu. Panuma fye akashita akanono ninshi tabalafika ku mayanda yabo ninshi imfula kutampa ukuloka sana sana. Efyo caleba mu lutambi lwa kupupa ku Milenge.

Icipupilo mupapa ulesangwa mukati ka boma ku Milenge (pakukula iboma babikile icipupilo pakati) elyo no mupapa unankwe mupepi ye boma. Balileka ukupupa pali lelo nomba bashimika ukuti akale balefuma ku cimuti cimo e kuya nomba ku cimuti cinankwe. Uwakulekelesha ukupupa ni ba Mwami. Bena bafwile mu 1957. Mu nshita ya kunuma nyinabo alepupa ni Ngonya Mukolo. Ico balepupila pa mupapa nico batolele mfumu munshi ya mupapa.

Uko bapupa kwena te ku mupapa ukwafwilile mfumu pantu uyu mupapa taumoneka. Pantu cimupapa ici apafwilile imfumu cilasela nokulubana cilalubana e mukutila ngo ulefwaya ukucimona teti ucimone. Ukulingana ngefyo bashimika ici cine cimuti limbi kuti waluba mu mpanga tawaishiba uko uleya ne nshila nauluba kanshi e kumona nomba ici cine cimuti apafwilile Kalya Lukungu ne mbaso yakwe nangu isembe filipo pali ici cimuti na pali lelo. Kanshi ukulingana no lutambi ici cimupapa kuti cakumonekela fye nga waluba nshila. Nomba pakuti usange nakabili ici cimuti, nakalya! Nangu wakome shani ifishibilo, nomba pakukonka ifi fine fishibilo watemene, awe, filekutwala kumbi kumbi pantu ukulingana no lutambi uyu mupapa tausangwa nga waukonka. Mpaka na lelo efyo cili.

Malenga Kasompe alubula Saka ku busha

Muli ihistory yakwa Kalya Lukungu twaumfwa pali ng'anga Malenga Kasompe, kanshi yali mwana wa bena Ngulube; umwine ali mwina Ngo. Iyi ng'anga yalebomba na kwishilya pantu ya lulumbi. Natumfwe kanshi umulandu umbi wakwa Malenga Kasompe uwalengele ukupela abena Ngo imimana ne milundu mwa Sokontwe. Soboli na Kaulung'ombe (bonse bali bepwa kuli Chimese Makandwe) balipangile umulandu ne mfumu Mwewa ku Ng'umbo. Pakufuta uyu mulandu e kupela abena Ng'umbo umwanakashi umwina Ngulube, ishina lyakwe ali ni Saka, asendwe ku busha. (Bamo bashimika ukuti uyu Saka mwana wakwa NaMutolwa, bati ishina line line lyakwa NaMutolwa ni NaSaka.) Ici kanshi calikalipile abena Ngulube pakulufya uyu mwanakashi Saka. Balaile ng'anga imilundu ne mimana nga yababwesesha uyu mukashana.

Kanshi Malenga Kasompe alipandile umuti uwakuti uyu mukashana uko bamutwele ku Ng'umbo, nga atapa amenshi, pa kutwala mu mushi aya menshi yasanguka matipa. Nga ateba inkuni pa kutwala ku mushi shasanguka ishibishi. Pakunaya ubwali, ubunga kusanguka imicanga. Na fyonse ifyo alebabombela nifyo fine. Kanshi abena Ng'umbo balandile ukutila: "tubabweseshe fye uyu mukashana!", basonta na ba coba babili. Nomba lintu bamwingisha mu bwato ninshi ba coba tabalaamba ukoba, owe – ubwato bwasela, buleenda, buleya fye bweka bweka apabula kuoba mpaka nokufika mwa Sokontwe!

Ng'anga Malenga Kasompe yena yali wa lulumbi sana kabili yalebuka ulubuko lwa mwafi. Inongo shakwe shashala mu cibolya cakwe ica kale na bantu batina ukushisenda pantu sha ntambi. Twalikopa inongo imo umo yaleipikila umwafi.

Imilundu ya bena Ngo mwa Sokontwe

Abena Ngo (bashimba) bambi bafumine kwi Tabwa, eko bateka nokuteka. Bashimika ukutila akale kwali imfumu kwi Tabwa iyaumfwile ukuti epo bali abashimba mu calo ca ba Lala. Yaipamfya mukubapempula nomba pakufika mwi Lala yasanga ukuti bonse balebateka mu bunkole ku mfumu Ngosa Kapenda. Imfumu ya bena Ngo yali ni Nyembe (bambi bena bashimika history na mashina yambi). Nyembe kanshi aile kuli ba Ngosa Kapenda mukulubulwila babululu bakwe. Panuma yakubalubulula imfumu Ngosa Kapenda tayalefwaya Nyembe ukubwekela kwi Tabwa nico alefwaya ukumuufisha mwana wakwe mwanakashi. Nyembe ena alikene ati: "teti ngupile kuno pantu na ine ndi no bufumu ku myandi kwi Tabwa." Aya no kuya. Ngosa Kapenda tasekelemo, atuma ne fita fyakwe ati: "Nga akana ukukubwela mwipayeni!" Owe, efyo bamwipeye. Kwi Tabwa abantu te pakufulwa pakumona ukuti imfumu yabo tayabwelele. Nomba abantu kwi Tabwa bakali! E kutuma ifita mukulwisha Ngosa Kapenda. Ena pakumona ukuti fyaisa ne fyansa ifingi, te pakulapila, ati: "Owe, twalafwa bonse! Ngeshe kanshi ukubatalalika imitima." Abasekelela na basha, elyo atwalako insofu. Ifita fya kwi Tabwa fyena kukana fyonse. "Pakulipila umulandu mwalatupela nomba impanga ne mimana." Efyo abena Ngo baambile ukupoka incende pe shilya kwi Lala.

Kulipo no mulandu umbi uwalengele ukuti abena Ngo (abashimba) banonke ifyalo. Ici cali libe Milambo Myelemyele atendeke Ngosa Kapenda. Imfumu Ngosa Kapenda yabalwisha nomba abantu abengi balifwile mu nkondo. Ilya nshita abena Ngo batekele umushi ukalamba kwishilya, uyo mushi wali wakwa Kalando uwaleteka mu musango wa mfumu, pantu mwi linga alikwete imiti ingi (nangu tutile amanga) iyakucingilila umushi pamo ne miti ya nkondo. Alikwete umusawo, elyo impande, elyo ne nsosolo na fimbi ifilesungwako na pali lelo. Ngosa Kapenda e kutumako nkombe: "Kalando, ngafwako – Myelemyele alampwisha!" Efyo Kalando aiposele mu nkondo pamo na bantu bakwe bonse kabili elyo mukubomfya magic yakwe (imiti ya nkondo) bacimfya Myelemyele. Pakumulambula e kumupela imimana ne milundu kulya ishilya na kuno ishilya: ku Katayi, Kalabemba, Yewe, Butimbwe, Kafuba, Chankwempe, Mwansa Mwaka, ne ncende shimbi. Ulutambi lumo lwaishibikwa kwa Kalando. Ilya nshita ba mwine mushi bonse balikwete imbale uko balelumbula ifikolwe. Kwa Kalando ulutambi lwalipusene panono pantu alikwete impande shibili, imo iyaume, inankwe iyanakashi. Epo babikile ubunga nga kwabuka ifimfulunganya, nga basanga ulucelo ukuti nabalya kwilume nangu kwikota e kwishiba bwino ukwafumine umulandu ku bena wishi nangu ku bena nyina. Efyo balebuka kwa Kalando.

Pali uyu Mulando twaishiba no mulandu umbi: Bangeleshi bamusangile mu mushi kwa Chunga nomba bamwebele ukuti akafumemo pa mulandu wa menshi. Basangile ukuti Kalando alikwete imishi kwishilya konse kubili. Kanshi muno mu calo cesu balimupele umushipa untu abikile mu mushi wakwe. Kalando pakufwa abantu bakwe babulile umushipa, bafimba Kalando mu mushipa mu musango wa blanket, bashika nokushika. Abasungu pakumfwa ifi tabatemenwe. "Mwalilufyanya nganshi pantu umuntu tashala nomba Flag ifwile ileshala", bapanika.

Telephone (lamya) yakwa Kalwisha

Abena Ngo abengi baishile kuno ishilya lintu Fwitama atekele ku Milenge. Icalengele pantu Fwitama alibikile bucibusa no mwina Ngo wa peshilya, ishina lyakwe lyali ni Kalwisha. Uyo Kalwisha ali uwacenjela sana. Bashimika ukuti pakwabuka Ulwapula tabomfeshe ubwange, iyoo, aleyabukila pa mpasa shakwe. Ilya nshita abalwani abaleisa mukutapa abantu bali fye abengi, eico abantu baleikala mwenso mwenso. Kalwisha uwaikele kwishilya aishile kuli Fwitama mu kumweba ati:

"Kanshi twalapanga telephone". Pantu abantu mwa Sokontwe balikwete lamya libe abasungu tabalaisa. Kwishilya Kalwisha abikile insupa nangu umutondo, abikamo akatete no lushishi elyo kwali imisangu ibili yakulisha telephone: umusango umo wa kusoka abantu: "pano twaingililwa!", pakuti bakwate inshita ya kufisama. Umusango umbi uwakwita abantu ku milandu. Telephone yakwa Kalwisha yalefika ukutali sana ukucila utuoma utwalebomba mu mpango shimbi. Kabili yalebomba kuno ishilya na kulya ishilya. (Na kale na kale kanshi balepanga ama international phonecalls Congo – Zambia.) Umuntu umo umukalamba atushimikila ifyo mbuya wakwe alufishe umwana pakumfwa lamya wakwa Kalwisha. Ati, "owe, twaingililwa", asha akamwana mu nshi ya cimuti pakuti afyuke bwangu, umwana ena tasangilwe nakabili.

Abena Nkalamo mwa Sokontwe

Pa bena Nkalamo na bena Tembo (pantu bamo bene) natulanda sana mu lyashi lyakwa Kalya Lukungu. Ifikolwe fimbi fya bena Nkalamo abaishibikwa sana ni Mulanga Mpande na Mulaba wa Chibinga. Aba babili bali Abaushi bene bene, elyo icalenga ukwishibikwa ni nkaka yabo pantu ca cine bukaka bwabo bukaka bwa nkalamo. E abaleshita abasha ku myesu nokubekata nokubatwala ku Zanzibar. Awe, aba bantu baleenda sana mu kwishiba ifyalo. Ukufuma ku Zanzibar elyo baleleta ne fipe fimbi ifyakuti bacinje pakumwena abasha na bambi. Mulanga Mpande aikele kwa Mubumba elyo Mulaba wa Chibinga kwa Milambo. Fikolwe fimbi fya cina Nkalamo mwa Sokontwe: Kapolwa (kwa Nsonga), Mwilembo kwa Matanda na Mumena (inkashi kuli aba bonse) kwa Kasoma Lwela. Mu lupwa lwa aba bene, abena Nkalamo baishile sanduluka sana nokusalanganya incende shonse maka maka mwa Sokontwe.

Chabala Muwe (Sokontwe)

Nga mwafuma kwa Kulelwa mwaabuka umumana elyo muleya kwa Kasanka, akale kwaleba icimuti icikulu ca ntambi icalesangwa mupepi no mumana uwitwa "Chabala Muwe". (Chabala Muwe cikolwe cantanshi ca Baushi pamo na Bena Kabende.) Pali uyu mumana paleba akale ifipuku eico bantu baletina ukupitako. Ifi fine fipuku e fyalengele ukwita abapatili abafumine ku Lubwe pakuti batamfye ifi fibanda. Abapatili balibomba, balilalika ifipuku, kanshi fyalileka ukumoneka. Nomba kwali icimuti ca ntambi we shina lya Mucenjeshilu. (Kwishamo, ici cimuti nomba balicitema lintu motoka yacombele pa musebo.) Kanshi muli ici cine cimuti mwalefuma nkunda ne mbushi mu lupako. Pali ici cine cimuti paleba ulutambi ulwakulomba imfula nga yacelwa. Abalepupila: balumendo abakulisha ng'oma elyo na bakashana abakushana abali na mabele ayasuma abo batungila amasamba e mukutila amatete ayakufwala ku musana elyo na ku molu. Abakashana balesenda no bunga ubwalefuma kuli ba mwine mushi. Nga bafika mu nshi ya cimuti baamba ukulakusa nokulapela amalumbo pa mucenjeshilu. Abalepupila bena Ng'anga (e bena Nkoko) na bena Mbulo (e bena Fyela) na bena Kashimu (e ba Lumbu). Nga bapwa ukupupila ninshi kuli abakumbile ubwalwa. Ubu bwalwa baleitila mwisamba ya cimuti. Bamo balanda ukuti ulu lutambi lwashimpilwe mu nshita yakwa Ng'omba. Pa lubali lwa bakashana baibukisha ba Molia Katoyo elyo pa lubali lwa balumendo ba Selemani.

Ncelo ku Milenge

Ku Milenge mu mushi mwa Lunga kwabela ncelo uko balefumya ifyela ku mabwe mu nshita ya kunuma. Aya mabwe baleleta ukufuma kwishilya ku Congo. Iyo ncelo yali itali sana, kwishamo abalumendo abena Milenge nico balefwaya ukwishiba ifili mukati, balitoba nokutoba. Pakubomfya incelo balepanga imilongo ine: umo wakufula masembe, umbi wa mbafi, umbi wa tubeya kabili umbi wa makasu.

Umupundu wasanguka cilemba (Chipundu)

Mupepi na ku Chipundu kuli icimuti cimbi icikulu icishitemwa, ici cimuti bashimika ukuti calicinja. Akale cali umupundu nomba ici cimupundu ubushiku bumo caisa sanguka icilemba. Bamo batunganya abati limbi akoni kaishile ingisha uluseke mu lupako lwa cimuti. Nga mwayako kuti mwasanga amabula nayapusana. Ici cine cimuti capapusha abantu abengi abapitako. Mwandini, nacilingana na "Chiti Baluba" icimuti ca ntambi ica ku Mano, pantu naco cine balaciluba pa mulandu wa bupusano bwa mabula.

Akafwila Bana

Ku Kapalala kwabela akamana kamo aketwa Akafwila Bana, kabela mupepi noko baleyabukila Luapula ne cikwepe. Pali lelo abantu baleipayamo isabi. Nomba mu nshita ya kunuma aka kene kamana kaletinwa sana kabili kali akashupa sana, kabili ne ng'wena shalesangwamo. Ubushiku bumo umukashana wa cisungu alifwililemo. Kabili aka kene kamana kali ka bulanda sana, pantu emo bana mayo baleposa ifinkula. Nga basanga ameno ya mwana yamena pa mulu, awe bulanda bweka bweka. Abantu baletina ukuti lishamo lingafikila abekala mushi pamulandu wa finkula eico aba bana baleposwa muli aka kene kamana. Eico bakenike ati "Akafwila Bana". Bambi banamayo bena balebomfya imiti ya cikaya mukwingisha ameno efyo balepususha abana babo.

Nkalamo sha buntunse

Mwandini akale mwaleba sana nkalamo mu fyalo fyakwa Sokontwe na Mushili, na bantu baletina nganshi. Ishi shine nkalamo shaleisa maka maka mu nshita ya mainsa. Nga baumfwa inkalamo yalilya umuntu elyo baima bonse ne mikondo. Nelyo inkalamo ingabutukila kwa Mushili nangu kwa Ng'omba nangu ku mfumu imbi, abantu kukonka mpaka baipaya. Kabili takwaleba pakulondola inkalamo kano mu bwanankashi umo bafyalilwa kanshi baima tupani tupani pali limbi ileyaimina umo nga tabali pa bwanankashi balemubutuka. Nomba nga baima mu lupwa bapangana ukufwila ca pamo. Kabili pakukonka nkalamo balebula ulukatu lwa ku makasa ya nkalamo bapanda imiti elyo mu nkama sha bakalamba baleishiba ifyakucita pakuti basange inkalamo nokwiipaya.

Akashila Bane ne Cisangwa ca Nkalamo

Ku Kasepa kwabela ne mimana imbi ya ntambi.[22] Mumana umo baita ati Akashila Bane. Akashila Bane kamumana akanono. Elyo ukwafumine ishina ili ni uku: Kanshi kale sana abantu abengi balebekatila muli aka kene ka mumana ku ng'wena, kabili lulamba lwa Luapula kwaliko ifimuti ifingi sana, lelo te fitali iyoo, fyali fye ifiipi, nomba fyatitinkana e mukuti ukupalamana sana fyalitabeneko ne fimishimba. Kanshi umu namo emwaletushisha inkalamo nga shafuma ku Congo shabuka Uluapula. Apa epali pa cabu cashiko, nasho shine shaleikata abantu pali iyi ncende. Elyo abakalamba bainike amashina yabili: mu mushitu bainike ati icisangwa ca nkalamo. Akamana nako abati Akashila Bane.

---

[22] Ba Joseph Musenda e balembele cino cipande pamo ne lyashi lya ku Kasepa elyo lyakwa "Katumpa".

Umumana wa Mulila

Umumana umbi ku Kasepa bainika umumana wa Mulila. Lintu kwashile icama icikalamba sana ico baleita ati Cimba Milonga, kanshi utumana utwingi elyo twaimbike ku menshi no mukuku ukalamba. Kanshi kwaliko bashikulu bamo mu mushi wa mwa John Nkumba, baile ku Congo. Aba bashikulu ilyo balebwela batampile ukwabuka umumana wa Luapula, kanshi bali pakati ka mumana, kwamonekele ing'wena shibili, imbi yalefumina ku masamba imbi nayo ku kabanga. Awe, efyo babekete ku ng'wena babaponesha na pa mumana, bafwa nokufwa. Kabili ishi ng'wena shasendela aba bashikulu nokubafumya mu Lwapula nokubatwala mu kamana kambi, emo bailetolelamo utufipande tomo tumo. E lintu abakalamba bainike aka kamumana abati: Mulila, pantu emo balilile aba bashikulu ku ng'wena. Na aba bashikulu ishina lyabo bali ni ba Chilifye.

Kasepa

Bamo limbi kuti batemwa ukwishiba umwalola ishina lya bu "Kasepa" mupepi na ku Milenge. Ishina lya Kasepa lyafuma ku cimuti ca musepa ico mulemona pa cikope. Kale kwali abantu abo mu cisungu beta ama traders, aba bantu balefuma ku fimana ukuli nga kwi Yongolo, Mwelela, ku Mbo, mwa Bwalya Mponda, ku Kapata, kwa Kasoma Lunga, ku Chilubi elyo na kwingi. Kanshi aba bantu baleenda na maboti ayapangilwe na mapulanga elyo yambi ya fyela baleocelesha. Elyo nomba mukwenda kwabo, icitesheni cabo icikalamba cali ni kwi Yongolo. Nga bafuma mwi Yongolo, baima kwisa teka camp pa musepa. Epo balekakila ifipe fye sabi lyabo lyonse fye, elyo nokutusha epo baletushisha. Nga bafuma apa pa musepa, baleya nomba ku cikwepe (pontuni) ku Kapalala, eko balepatamina ukuya ku Ndola. Na pakubwelela ku fimana balefumya ulwendo pa musepa, elyo babwekelamo. Kanshi umusepa nao wali e citesheni cabo icikalamba nga bafika ku Kapalala. Uyu umusepa cimuti cimo icaba pakati ka nsumbu iyaba uku Ulwapula lwaya uku nako kwaya umumana umo uwitwa Kasepa, nao ulemoneka pa cikope, wafumishe ishina ku cimuti. No mushi wa Kasepa baufumishe ishina ku mumana uyo.

Chief Sokontwe Mary Serenje Chilambe

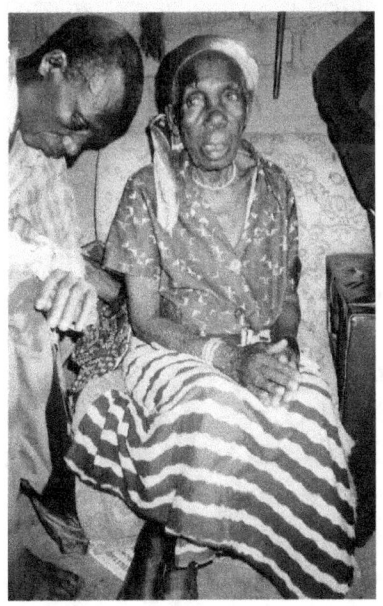

Umushitu umwalala imfumu Sokontwe Chimese Makandwe.
Na pali lelo pakupupa babikapo fwaka pantu Chimese
Makandwe alitemenwe sana ukupepa fwaka.

Mu ntambi, nkalamo ya buntunse shalepusana ne nkalamo
sha ku bufumu.

Akalongo kakwa ng'anga Malenga Kasompe akakwipikilamo umwafi. Na pali lelo iyi nongo ilesangwa mu mpanga kwa Kabai nokutola abantu tabatola iyoo, pantu ya ntambi.

Ncelo ya ku Milenge (kwishamo balumendo ku Milenge balitoba nokutoba, abati: tumone ifili mukati!).

Umusepa ku Kasepa.

Umupundu wasanguka Icilemba ku Chipundu

Cipupilo ca ku Milenge cakwa Kalya Lukungu.
Kwishamo baliputula imisambo mukoca amalasha.

*Tukampamba. Utu tuntu twa ntambi tusungwa kuli ba
Amon Kaloko kwa Kaloko. Tukampamba ngulu
ishalesunga icalo cakwa Kaloko. Utu tuntu twa ntambi
tatwabuka imimana, eico tulesungwa na lelo kwa
Kaloko nelyo ubufumu bwakwe bwalipwa. Abaupa
nangu abaupwa tabalepalamapo pantu tukampamba
twalishupa. Tukampamba tufwi pamo na tubuta
utwaibela bela utwakubeka tuntu abakalamba
baletantika akale mu musango uwakuti ifipondo nga
fyaisa ninshi twatampa ukulila nangu ukulasa ifipondo.*

10

Makumba

Makumba enda mu finkukuma, eico na pali lelo ilingi line icalo nga catenta ninshi banamayo baulo tumpundu, bambi baposa ubunga abati Makumba apita! Bamo elyo baamba ukutunga abati: "afuma nomba kwa Nsonga aya kwa Sakala," nangu "afuma uko aleya uko..." Ilyashi lyakwa Makumba likalamba sana pantu ifikolwe fyesu fyaletungululwa kuli Makumba. Ukulingana no lutambi Makumba bupe ukufuma kuli Lesa kabili mupashi uwapelwa abantu mu ncende shesu uwakutulolekeshapo nokutupokolola mu bucushi bwesu na ku lufyengo.

Ukulingana no lutambi ku Kabende, uwalesunga icalo ca fikolwe fyesu ni Makumba. Makumba aleenda mu fyalo ifingi nomba icifulo cakwe ni muno mu myesu mu calo ca bena Ngulube. Makumba ni ngulu, nomba te ngulu isho twaishiba pali ndakai ishakuwila abantu pambilibili. Makumba akonkele ubufumu bwa bena Ngulube. Kabili Makumba asesema icalo conse, kabili ifyalanda Makumba fyakumana bonse maka maka ba ku musumba. Kabili Makumba alefwaya ifisuma elyo talwalika bacilaluka ifyo ingulu shimbi shicita nga shawila abantu. Makumba apata ulufyengo no bucende, eico ilingi line alelesha ukucita ubucende mu mpanga nangu ukwiba ifinkubala. Ishi ntambi nga shalekonkwa ninshi mu mwaka ukakonkapo ifishimu fikawa ne fintu fyonse fikenda bwino. Limo limo Makumba alileseshe ukulya katapa icalo conse pa mulandu wa malwele ya cikuko. Kabili pa mulandu wa kupata

ulufyengo luli lonse Makumba ilingi line aleyafwilisha
abafyengwa; nangu imfumu nga yalufyanya nangu nga yafyenga
umuntu Makumba kuyeba pakuti ishibe ifilubo fyaiko
nokutaluka ku lufyengo.

Uwasangile Makumba ni Muwe, wishi wakwa Chabala-
Muwe, mu lwendo lwakwe pa kwisa kuno ukufuma ku Kola.
Elyo uwaletele Makumba ku Bwaushi mwana Chabala-Muwe.
Nelyo cibe ifi, takwaba uwaishiba ukwafuma Makumba. Kabili
Makumba takwata umukowa kabili asakamanina icalo conse.
Bamo bamo bashimika ukuti "Makumba mwaume" nangu
"Makumba alikwata nkashi yakwe", mwandini, Makumba te
mwaume kabili te mwanakashi, pantu Makumba mupashi. Ifi
fyonse fyafuma mukwelenganya nomba Makumba cintu
icaibelabela fye.

Uko Makumba aishibikwa sana ni ku Bwaushi pantu kwa
Nsonga na kwa Mabumba ntambi shakwe shilesungwa na pali
ndakai panono panono. Elyo na kuno ku Kabende kwaleba
intambi shakwe ishalekonkwa sana mu myaka ya kunuma.
Abaushi na bena Kabende bamo bene; ubufumu bwabo
tabwapusana, na Makumba aba fye umo wine. Nomba abashele
ku mulundu elyo abaile ku mimana, imikalile yabo yaambile
ukupusanapo panono. Eico ne ntambi shakwa Makumba
shaibela ku mumana ku Kabende na ku mulundu ku Bwaushi.

Ku Bwaushi na ku Kabende konse kubili balanda abati:
"Abasunga Makumba umwine ni fwebo, kulya basunga fye
nkashi yakwe." Pantu Chilololo Chalwe Bulimi e Makumba
wine, Ngosa Mutambwa e nkashi yakwe. Kabili na kwa Milambo
basunga ico balumbula ati: "icisoselo cakwa Makumba" nico
Milambo tapyene Makumba, iyoo. Efyo kanshi tubikana
ifikansa pakulaba ukuti Makumba aba fye umo, kabili
ukulingana no lutambi akumanya bufumu bonse bwa bena
Ngulube mu Bwaushi na mu Kabende, intambi shakwe shena
nashipusana panono ukulingana ne ncende shesu. Makumba

endela mu ntambi shakwe eico ne mimonekele yakwe ilepusana
pamo no bulondoloshi ukulingana no bupusano bwa ntambi.
Imicitile yakwa Makumba ku Bwaushi kuti mwabelenga mwi
buku lyakwa Barnabas Chimba *History of the Baushi.* Kuno
twalalondolola ntambi shakwe sha ku Kabende.

Makumba ku Kabende

Kanshi mu calo ca Kabende Makumba taishile fye pa muku umo
wine, iyoo. Mu myaka ya kutendeka kwa bufumu bwa bena
Ngulube libe tabalalekana kanshi bali na Makumba kwa Kalaba-
wa-pa-myulu, e kulekana nomba: Mulewa Nkalanya Masonde
no mwaice wakwe Mwape basendele abantu babo mukulondola
icalo ca Kabende. Makumba ena alishele kwa Kalaba uko
baakenye ubufumu. Nomba kulya eko afumine mukwisa
bakonka nokupulila kwa Mulewa, nomba tabaishibe ukuti
Makumba abakonka, iyoo. Papitile imyaka ingi sana, elyo
mfumu yalitumine fundi wa nama mu mpanga mukufwaya
umunani. Ilinga lya mfumu ilya nshita lyabelele mupepi na kwa
Mungulube pa Bushiya. Uyu fundi aile sanga Makumba mu
mpanga ninshi naikala pe fwesa. Fundi amona no kutina ati:
"Awii, nteshibile ici cintu nkomona. Cindo? Kambwekele ku
musumba." Pa kubwela e kwisa landa ku musumba ukutila "ico
nasanga caibelabela fye." Efyo baile ne mfumu pa kumona cilya
cintu, abati: "Awe, imfumu Makumba kanshi naitukonka uko
twishile." Elyo baile mukumubula nokumusenda. Na bantu
bonse ilyo bamwene Makumba batemwa, baulo tumpundu, awe
ne ngala shakwa Makumba shawa shonse shalala, no mwela
waleka elyo basenda Makumba no kumuleta mulya mwi linga
ilikalamba lya mfumu. Imfumu yena e pa kweba aiti: "Awe ici
cintu te fwe twalecisunga, tacifwile ukusungwa mukati ke linga."
Eico batwele ici cipe kwa Chimbwi Chibamba mwa Kaongo. Mu
mushi mwa Chimbwi bapisha Makumba mu ng'anda. Nomba
Makumba aishile balolosha mu tulo ati: "Awe, mwalufyanya

pantu ine nshiikala mu ng'anda, iyoo. Mailo nga bwaca ndi nokumutungulula ukwakwikala, elyo mukamona apo nkayamwimika epo ndi nokwikala." Awe, efyo cacitike e kuya ikala pa Chisanga ca kuli Chitumbe eko umwine atungulwile. Uwapapile Makumba ali mwina Nsofu. Mpaka bamukulila ne ng'anda ya mupula pwapwa. Pantu te kwesha ukwingisha Makumba mu ng'anda ya matafwali nangu njelwa iyoo.

Kupepa Makumba

Uko balesunga sana intambi shakwa Makumba ni ku mfumu ishafumine muli Mwansabantu. Pamulu twalondolola ilyashi lyakwa Kalasa Mukoso na Mulakwa ifyo abepwa bakwa Mumembe balepusana ilingi line, nomba mufwile ukwishiba ukutila mu lutambi lwakwa Makumba tabalepusana iyoo, bali fye bamo bene. Nico Makumba aleenda mu ntambi, takwali ukuyako pambilibili apabula umulandu, nomba mu nshita ya kushupikwa nangu imfula nga tayaleloka, mu fipowe, elyo baleyako. Ba cilaluka e balesesema ukwisa kwakwa Makumba ne fyebo fyonse ifyalefuma kuli Makumba. "Mwilalya katapa! Mwilakumana mu fyupo!" ... No bushiku Makumba ali nokwisa balesesema. Cilaluka uwaishibikwa sana kuli ishi mfumu ni Chilekwa Mukanda, mukalamba wakwa Mumbwe Mulela nomba mwana Lungo Kakulu, pantu e wali umukalamba. Elyo aisapyana mwana, ba Kanyepa, mwina Kasha ninshi nomba bucilaluka bwasela, bwaya ku bena Kasha. Balefwala insalu iyabuta pa mabeya elyo no bulungu ubwakubuta ku mukoshi. Pantu Makumba alitemwa ifyabuta nico afumine mu menshi mu mpemba.

Kabili ukulingana no lutambi bacilaluka akale tabaleupa nangu ukuupwa. Kanshi pakupepa Makumba kwaleba ukwima icintu bwingi, elyo abaume balelala beka mu mpanga pantu mu lutambi lwakwa Makumba te kwesha umwaume ukukumana no mwanakashi mu cupo. Kabili kwali ukuleta ifyabupe maka maka ubunga, mpemba ne mpande no bulungu nge fintu ifyabuta; ifi fintu fyalesonkwa pali cila ng'anda. Libe tabalaya kuli Makumba, abalepita mu mishi ne ndibu mukushimika ukwisa kwakwa Makumba, balefuma mu mukowa wa bena Ngo. Pintu balelisha, nangu tutile telephone ya kale: mondo, mukweba ati: bulya bushiku kukaba akantu. Nga bwafika ubushiku ubwakuya kuli Makumba elyo baseba incende ku Chisanga, bakula no mutanda. Mu nshita shimbi balekula imitanda ibili: umo wakwa Makumba ubiye wakwa muka Makumba. Aya mayanda te kwesha ukukula na matafwali. Lyonse yalekulwa ne fyani pantu Makumba ni Lesa wa bulimi. Kulya ku Chisanga Makumba alikwete umukashi. Muka Makumba ukulingana no lutambi lwa ku Kabende mwina Ng'oma. Uyu muka Makumba ali namayo ushaupwa. Uwabombele uyu mulimo ni ba Mukate mwana Mankanka. Uwasontele uyu namayo ni Makumba umwine ukupitila muli bacilaluka. Umulimo wakwa muka Makumba kusunga mulilo. Icintu bwingi pakufika ku ncende basebele, baleimba inyimbo nokwaulo tupundu, balecinda pakuleta ifyabupe fyabo. Nomba te bonse balepalama pa ng'anda, iyoo, bamo bamo fye, elyo amashiwi Makumba alesosa kwaleba ukuyalula kuli bacilaluka abalelanda na Makumba. Imfumu shena tashalepalama, iyoo. Nangu umuntu wa lufyengo nangu wa lubembu te kwesha ukupalamako.

Abakalamba bashimika ukutila lyonse pakuyako ninshi balesangapo cimo pa ng'anda yakwa Makumba: limo nsoka ne mpande pa mutwe (pantu mpande pa mutwe cishibilo cakwa Makumba), limbi fulwe, limbi akalinso akakubuta, limbi nsofu. Nga basanga nsoka ikalamba, ulusato ne mpande, nangu nsofu nangu inama imbi, ishi nama tashali no bukali nangu tashalebutuka. Kanshi nga bamona Makumba afumako baamba nomba ukwaulo tupundu nokuposa ubunga. Elyo bacilaluka balelanda na Makumba mukushimika ubucushi bwa bantu nokulolela ubwasuko.

Kabili mu nshita shimbi kwali ukupela abena Nsofu umulimo wa kupapa Makumba. Abena Nsofu e bali bacipapa Makumba. Cipapa nga apapa Makumba elyo atampa ukubutuka ulubilo. Awe, ukubutuka kwakwe kwapusana no kubutuka kwa muntu pantu tabutwike umwine – icintu cimbi camubutusha: mu fyulu, mu mpanga, ukupita mu myunga eico abantu bafilwa ukumukonka mpaka basanga umwine atampa ukushinguluka incende imo elyo baishiba ino ncende yasontwa kuli Makumba. E kukulilako umusumba.

Kanshi pa cifulo cakwa Makumba kwa Kaongo imikowa ine yaishibikwa sana mu lutambi: abena Kasha, abena Ng'oma, abena Nsofu na bena Ngo. Kwa Kalasa Mukoso uwakulekelesha ukusunga amakombo yakwa Lwando ni ba Mututuma Lesa mwina Mumba. Kanshi balebomba na mu lutambi lwakwa Makumba. Makumba ilyo atampile ukulabomba ali nabalepupa. Mu nshita ya kunuma abalepupa nga bapupa elyo bakuta icalo elyo baeba Chimbwi (Kabongo) ukutila "Chimbwi tukesekumanina pa Kolu-ka-Mushiko", pantu kwali iculu uko bapakene kumo, basonta ne ncende. Abalepupila ni ba Chilekwa Mukanda pantu e wali mukalamba wa mfumu shonse ishafumine muli Mwansabantu. Ulya nga alanda ukutila ati: "mailo tukakwate ukupupila", baibukisha ba Mumbwe Mulela kulya elyo baibukisha na ba Chimbwi kuno elyo baibukisha na ba Chalwe kulya, bonse bashamfumu babebukisha. Elyo kulya Chilekwa aisa na bantu bakwe. Kuno ba Chimbwi nabo baima na bantu babo, bakumanina pa ncende basontele pa mupaka pa Kolu-ka-Mushiko. Balya bakwa Chimbwi bawila ba Chilekwa bakalamba babo utumpundu. Elyo na balya bakwa Chilekwa nabo bawila ba Chimbwi ulumpundu. Bonse imipunga babika panshi. Elyo baeba ba Lungo Kakulu: aleni, buleni nomba ubunga mutwale mu ceni muli ba Chimbwi. Elyo batwala kuli ba Chimbwi ubunga. Elyo baakana nabo ba Chimbwi bapela namfumu: ubu bunga e pakupela bakapepa abapupila ku mumana na bakapepa abapupa mu mpanga. Ba Chilekwa nabo basenda ubunga, batwala ku mumana wa Kalila-Tobyo nokuya samba pa menshi elyo baya peshilya. Ati: "Mwalaumfwa, twalalisha ng'oma kuno elyo mutampe ukubomba." Kulya nga balisha ng'oma elyo baumfwa ati: "oh, nabafika." Elyo babomba. Nomba bulya ubunga emo babulamo bapela nomba bakapepa abakuposa ubunga mu menshi na bakuposa ubunga mu mpanga. Elyo bakuta nomba icalo mukutila:

Lesa mpanganya ntwalo,

we mwine nkuni na menshi,

Shimutala watalile akabando Chilongoshi

Chilolololo Chalwe Bulimi!

"Twakulomba, ifisenya fisenye mu mpanga na mu mumana, tulefwaya twikute, tulye, kabili tulefwaya uno mwaka utupele mfula, tulefwaya uno mwaka ifyakulya fifule mu calo." Ninshi baleka. Elyo aba abali kuno babwelela na balya abali kulya nabo babwelelamo, cila umo kubwelela ku mushi. Efyo balekwata ukukumana ninshi ba Mumbwe Mulela balibebukisha akale, nabeshiba ukutila bulya bushiku iyi imilimo ilebombwa. Takwaleba ukukoma ulukasu panshi nangu uwakukoma isembe mu cimuti, nangu uwakuya mukusakila isabi mu mumana, ni tondolo fye. Nomba nga bapwisha yonse aya amapepo elyo babwela nokulangasa balangasa abati: "mwe bateya amawaya na masumbu ne myono, kateyeni mailo fikafwe." Elyo ulucelo filefwa fye sana, baleta nokwisa filonganika pa lubansa elyo baakanya bana mfumu na bana na bepwa bonse kubaakanya ifya mitulo. Elyo nga batwala ku mfumu yena ukwakanya na bakapepa. Nga babomba ifyo, awe icalo caleikala fye bwino.

Ukulasa Makumba na masako ya ndibu

Kwaleba no lutambi lumbi ulwalebomba mu nshita ya kunuma maka maka ku bena Ngulube, lutambi lwa kulasa Makumba na masako ya ndibu. Nga yalambata baishiba ukutila uyu muntu uposele wa cishinka. Nomba nga shapona ninshi wa bufi. Nangu pakulomba ifintu kuli Makumba nga basanga ukuti yapona ninshi Makumba akana, nga yalambata asumina. Efyo balekonka abena Ngulube maka maka pakwishiba umweni uwaisa mukutandala. Pantu ilya inshita bambi baleilumbula mukuti: "ndi mwina Ngulube, elyo ba tata ni ba Kantwa kabili ba mayo ni ba Chipulu," nomba limbi aisa mu bupondo ubwakubepo bufi. Kanshi baile mukumushinina kuli Makumba.

Makumba mu ncende shimbi sha bena Ngulube

Twalanda ifingi pali Makumba ku Chisanga. Nomba Makumba alepita mu ncende shonse sha bena Ngulube. Kumbi imikowa iyalebomba mu ntambi shakwe yalipusene. Kwa Nsonga ba cilaluka bena Ng'andu, bena Ngo na bena Mwansa. Ba cipapa bena Kashimu. Muka Makumba basalile mu lupwa lwa bena Bwali.

Elyo ku Katumba kuleba icishiba ce shina lya Katumba ukwalesangwa ilingi line Makumba elyo nga amonekeleko ninshi imfumu Mushili Mufwaya yakuka, yaya ku Katumba mpaka ukubwela fye mu nshita ya mainsa. Kanshi ba Mushili balikwete ififulo fibili pantu Makumba aleisa ku ncende isha ku Chipota elyo na ku Katumba. Baleishiba Makumba pantu muli ishi ncende basangile inama ikulu nge nsefu iyaifwilile fye, batola nokutola.

Mu calo mwa Sokontwe mwa John Nkumba bacilaluka bali abena Kunda, pantu uyu mushi wa bena Kunda. Kwali umucinka uko baleya mukulomba imfula, nomba uyu mucinka alipile mu mulilo. Nga mwayako nangu lelo mulesanga ifimuti fimbi ifyapuka pa mishila ya mucinka wa kale. Abantu baibukisha bwino bwino ukuti mu 1942 imfula yalicelelwe sana mukwisa. Kanshi mukupwa kwa December ninshi tailaloka. Elyo baamba ukusonkesha cila ng'anda ubunga. Elyo pa 3 January 1943 icintu bwingi baile mukulomba imfula kuli Makumba. Awe pakufuma ku mapepo akalikumbi akanono kamonekele mu mulu elyo basalangana abantu bonse kabili libe tabalafika ku mayanda yabo ne mfula yaamba ukuloboka.

Makumba na Lesa

Abengi balondolola abati: "Makumba e Lesa wesu" elyo balondolola mukweba ati "te Lesa wa mu mulu, nomba Lesa wa panshi" bambi bamukuta "insoselo ukufuma kuli Lesa"; bambi balanda abati "Lesa pakupanga icalo pakusalanganya amano yakwe incende shonse, fwebo kuno atupela Makumba pakuti eo atulolekeshepo." Imfumu shimo ku Bwaushi mu myaka ya kunuma shaleenda na Makumba mukulwisha inkondo. Nomba Makumba alebomba maka maka pa bulimi kabili alepala imilimo ya bulimi.

Kuno ku Kabende abena Ngulube pa kwisa muno calo ukufuma kwa Kalaba basangile abantu abashalelima sana: baletola masuku ne fisabo fimbi kabili mu mabende yabo baletwila ntuyu na masanga. Nomba abena Ngulube na bantu babo baishile no bulimi. Pamo no bulimi baishile ne ntambi sha cibyalilo pantu akale abantu tabalelima pambilibili nangu mukwitendeka. Ulu lutambi lwashimpilwe pamo na Makumba. Makumba ena talelolekesha fye pa bulimi. Na ku mimana alelolekeshapo pamo nesabi elyo na pa nama sha mu mpanga. Ukulingana no lutambi lwa fikolwe fyesu kanshi abafyashi besu Makumba alebasunga mu milandu yonse iyo balesanga mu bumi bwabo: alebapela isabi ne nama, pantu ifi fintu tafyaleisa fye kano epo ali umo uwalefipela. Alebapela ne mfula, kabili alebapela no mutende, kabili alebapokolwela ku masanso na ku malwele.

Imimonekele yakwa Makumba

Bambi nomba kuti batemwa ukwishiba imimonekele yakwa Makumba. Bushe, Makumba amoneka shani? Muumfwe kanshi ubwasuko bwa bakalamba besu. Kanshi mukwenda Makumba limo limo aleenda mu finkukuma, nomba ifinkukuma tafimoneka filomfwika fye. Pantu imimonekele yakwe imbi imbi te yakupashanya ne cintu ico twaishiba, pantu Makumba mupashi te cintu icakubelesha. Kanshi ne mimonekele ilepusana ukulingana ne ntambi shesu. Kwa Kalasa Mukoso abengi basanga ukuti imimonekele yakwe cintu cakubuta kabili cakubeka icakupashanya na bola nangu lifwesa ilikalamba nomba apabula amolu nangu pakwenda tacibomfya amolu. Nomba tacikokola ukutambwa. Bambi balimwene Makumba mu menshi nangu mu cishiba ninshi alesamba, pantu Makumba alitemwa sana ukusamba kabili mu menshi mu mpemba emo afumine. Kwa Sokontwe na kwa Mushili alemonekela nge cisoka icikalamba icisamba mu menshi. Ku Kapalala bashimika ukutila cali ne nsengo ikumi na shibili. Ku Masenga ici cine cisoka baita abati "NaChishike". Nomba mwishibe ukuti pali lelo Makumba alileka ukumoneka sana. Ne calenga Makumba ukukana moneka pantu Makumba aleenda mu ntambi kanshi teti umone Makumba kano ulekonka ntambi shakwe mukwikatana icalo conse. Nomba ntambi ishingi twaliposa. Bamo balileka ukuposa amano kuli Makumba pantu kusukulu balatufunda pa finkukuma ifyo fiyenda. Bambi abena Kristu balanda abati inshita yakwa Makumba yalipwa nomba tuli bena Kristu. Nomba abengi mu chikristu cabo tabaikatana na banabo, iyoo, kupatukana mu filonganino ifingi nokukana cita icintu cimo ca pamo. Makumba ena atemwa icintu bwingi ukucita icintu cimo.

Abakalamba batusoka

Abakalamba besu bena batusoka: Pali lelo icalo calionaika! Pantu umuntu onse alekonka fye ifyo umwine alefwaya. Ukwikatana kwalipwa pakati ka bantu. Twalionaula icalo mukutema ifimuti icitemeteme. Twalionaula imimana mukwipaya isabi apabula ntambi. Twalipwisha inama shonse sha mu mpanga isho Lesa atupela. Buonaushi bweka bweka! Ne calo cesu ca fikolwe tukashitisha mukunonka icuma! Mwe bantu, nangu mwalilaba intambi shakwa Makumba, mwishibe ukuti amapalo teti yafume mu buonaushi na mu bukaitemwe. Mucinshi wa nseba, kwiminina pamo. Abakalamba besu batusoka. Uli na matwi yakumfwa omfwe!

11

Imikowa ne mikowa

Ukulekana kwa mikowa: abena Mumba na bena Chisenga

Abena Chisenga twabapendela pa mulu mu mukowa wa bena Mumba pantu emo bafuma. Pantu akale umukowa nga wakulisha, bamo baletina ukufwila mu milandu ya banabo. Bambi balilekene pa mulandu wa mfwa, kabili bambi pa mulandu wa fyakulya pantu ifyakulya fyalecindikwa sana. Ca cine, abena Chisenga na bena Mumba bamo bene lupwa lumo lwine. Na lelo abena Chisenga nga baya kumbi bailumbula abati: tuli bena Mumba nangu bena Mumba-Chisenga. Icalengele ukulekana cali ngeci: kwaliko icililo ca bena Mumba, awe bambi bailetele insoni ikalamba pa kupelela amasaka palya pa cililo. Awe, abena Mumba bambi tabacimwene bwino, nakalya, pantu ifililo fyalecindikwa sana. Kuti bapela shani amasaka? Babasowa abati: "Kanshi mwebo nomba muli bena Mpelo e mukutila muli bena Chisenga".

Bambi balondolola ukuti icalengele ukulekana pantu mwina Mumba umwanakashi alitanine umunankwe mpelo, uyu e kwinika umunankwe ati "Kanshi shala fye ne mpelo yobe, webo na bana bobe mwasanguka abena Mpelo." Pantu abena Chisenga e bena mpelo.

Abena Chisenga cikolwe cabo cafumine mu calo cakwa Maloba (ca bena Mbulo). Abena Chisenga uko basangwa maka maka ku Mpeshi, ku Mpanta na ku Chambeshi. (Nomba ubutani balileka akale! Nga mwaya ku Mpeshi ninshi mutandalile abena Chisenga, ca cine, tamwaumfwe insala, inshita fye shonse kulasangako icibwali icikulu ku Bena Mpelo.)

Abena Muti na bena Ng'oma

Mu myaka ya kale ukufuma ku Kola abena Muti bali bamo bene na bena Ng'oma, bonse bali abena Muti.[23] Elyo bafikile kwa Matanda kanshi bayabwike Ulwapula kabili ifikolwe fya bena Muti fyaisa ikala pakati ka mfumu shitatu: uku ni Mabumba, uku ni Kalaba, uku ni Chimese. Icikolwe ca bena Muti caile ikala mu mfumu ba Chisunka, cimbi kwa Matanda, cimbi kwa Mabumba. Icikolwe ca bena Muti ishina ni Katebe nomba ailumbula ati Katebula, efyo aleilumbula ati:

Katebula Masonde, Chibanga cauma lubali.

E malumbo yakwe. Munyina wakwe umo ali ni Sete. Kanshi uyu Sete atemwa ukulisha ng'oma. Katebula ali wa kufula ifintu kabili ali mupalu wa munani wa mpanga. Alefula ifintu nge mifwi. Sete ena abulile icimuti afukula mukati, abikapo ne mpapa ya nama, elyo atampa no kulisha ng'oma, no lwimbo aleimba ulu:

Somba ee somba, cibanda candetele

ngale nsombole, cibanda candetele!

Awe, baletoloka nokushana. Icalengele ukulekana abena Muti na bena Ng'oma, pa mushi Sete na Katebe pali icililo umwina Muti afwa. Baleikala fye ulupwa lumo lwa bena Muti. Nomba kwali akamushi kambi pe shilya lya kamumana pali fye mupepi. Sete afilwa ukwikalisha nico ng'oma yalimusenda sana mu mano, aya peshilya batendeka nokulisha ng'oma. Umwina Mbulo aipusha: "Nga ba lupwa benu bali kwi?" Mwishibe ukuti abena Mbulo bali ba bena Muti nangu tutile banungwe. Katebe

---

[23] Uwalembele cino cipane ni ba Aaron Moloshi (Kamanda's Village).

e kwasuka: "Nabaya uku." Ena Katebe alemona ati limbi bele mukufwayako ifyakubomfya pa cililo. Nomba umwina Mbulo aya, alefika fye peshilya, asanga ng'oma shilelila, baleshana abantu. Elyo mwina Mbulo aeba abena Muti ati: "Mwebo mulelisha ng'oma umuntu wenu nafwa! Kabiyeni, ne wamweba nine!" E kuya basanga umuntu tabalashika, ali mu ng'anda. Sete bamuseka sana ku bali babo abena Mbulo, Katebe nao afulwa, atile ati: "Mukwai, abo bene balelisha ng'oma e bena Ng'oma! Ine abo twashele nabo tuli bena Muti. Pantu ine natebwile mpanga." Pantu ishiwi ya kutebula e kutila ukuwamya nokufumyapo ubusali. Alailumbula na malumbo ati:

> Nine Katebula masonde, Chibanga cauma lubali, ni mpanga yandi ino!

Kanshi e patulile ukucinja ishina ukufuma muli Katebe aba ni Katebula Masonde, e wasokwele umushi. Kanshi abena Muti intuntuko yabo ni ku Bwaushi elyo nomba baya salangana incende shonse. (History ya bena Ng'oma ne mfumu shabo kuti mwabelenga bwino bwino mwi buku lyakwa Labrecque).

Abena Mwansa na bena Bowa

Abena Bowa na bena Mwansa nabo bali bamo bene kanshi kwali banamayo babili abena Mwansa baleenda capamo, umo ali no mwana munuma. Nico alila ku nsala alombele umunankwe ukumupa ifyakulya nomba ena akana ati "nshikwete." Kanshi nasenda umutondo pa mutwe. Papita fye akashita kanono ninshi nsoka yaciluka umusebo, umwanakashi atina, aponya no mutondo, awe, no tubowa tutunono twamoneka mu malongo. Umunankwe te pa kufulwa ati: "Kanshi wantana fye! Fwe babili teti twende capamo mwebo kanshi muli bena bowa!" (Umulandu umo wine bashimika na ku Lubemba pakulondolola abena Ng'ona umukowa wabo ifyo wafumine ku mukowa wa bena Ng'andu pantu balelakana pa mulandu wa tubowa utunono.)

Abena Nkalamo na bena Tembo

Ku Masenga peshilya lya Luapula bashimika ukuti umukowa wa bena Nkalamo wali fye umo wine na bena Tembo. Icacitike pakuti balekanemo nici: umwina Nkalamo umo ilyo afwile, nomba ilyo baile mukumushika baumfwile icabuluma ku manda. Bena baishiba ukuti ni nkalamo ilebuluma, basha icitumbi mu nshila, babutuka nokubutuka abati: ni nkalamo twabutuka. Ilyo bafikile ku mushi ulubilo, abali babo bena Ngulube baipusha abati: mwabwela bwangu bushe namushika? Abena Nkalamo balabalondolwela umulandu wa kubuluma kwa nkalamo. Abali babo e kubula amasembe na mafumo bati: tiyeni tushike fwebo. Kanshi bafika apo bashile icitumbi abena Nkalamo. Nabo baumfwa ukuti cabuluma nomba abena Ngulube nico bashipa bayafika uko cilebuluma. Awe, basanga fye matembo ku lupako e yalebuluma. Elyo babulile ne citumbi apo bashile abena Nkalamo nokuyashika. E pafumine no kwinika ulu lupwa lwa cina Nkalamo abati bena Tembo kabili ababenike bali babo abena Ngulube. Babaseka sana ati: teti mube abena Nkalamo mwe abatina malonda!

Abena Nyendwa na bene Bi

Kanshi abena Nyendwa na bena Ibi nabo bali fye bamo bene elyo bambi kuti batemwa ukwishiba ifyo balekene kwi Lala.[24] Ilyo bali ku Kola bonse bali abena Nyendwa ne cikolwe cali fye cimo. Abena Ibi e ba mu ng'anda ye beli emo bafyelwe nomba ilya

---

[24] Uyu mulandu naulembwa muli Diary ya ba White Fathers ku St. Peter's Catholic Church Serenje. Walilembelwe kuli ba Clement Bwalya nokusungwa kuli Ba Father Piet Verkley.

nshita tabali bene Bi, iyoo, pantu bonse bali fye bena Nyendwa. Abena Nyendwa bafyelwe mu ng'anda muli kasuli, nokumfwana baleumfwana sana nga bamunyina. Nomba ilyo abantu bafulile sana kuli cilya calo, batampa ukusalangana nokufwaya ukwakuti baleikala. Abena Nyendwa nabo baima pamo na bantu bambi, kabili bali abantu abakosa ku bulwi, kanshi abantu abali nabo balebacindika nge mfumu. Aba bantu e mfumu sha ba Lala kabili sha ba Ambo.

Mukwenda ukufuma ku Kola baleenda ukukonka ubukalamba, abakalamba e baleba pantanshi na bantu babo. Abaice babo babakonkele panuma pamo na bantu babo. Mu nshila kunuma umuntu afwa mu lupwa lwa bashamfumu. E pakutuma inkombe ku bakalamba pa kubeshibisha umulandu, awe, baisalosha bonse nokushika. Panuma ya kulosha nakabili baima, balaya. Ku bakalamba nako uwa mu lupwa lwa mfumu afwa, nokuti batume nkombe ku baice, iyoo. Bashika fye abati pantu baice, te mulandu nangu tabaishiba. Ilyo abaice baishile sanga uluputa, batuma inkombe yakuya shininkisha umulandu wa luputa. Bayayeba abati: "Ni Kampanda uwa mu lupwa lwa mfumu." Inkombe e pakwisa shimika umulandu. E pakutumako na imbi nkombe pakuti beminine, babasanga nokulosha balosha. Ifi fyacitike mupepi no mumana Inyamanda ulewila mu Luombwa. Panuma ya kulosha abaice baeba abakalamba babo abati: "Ico mwacitile nacitukalifya sana. Kanshi ukufuma lelo twalekana nenu. Imwe muli babi sana pantu mwalitufishile imfwa yakwa munyinefwe, kanshi imwe muli bene Bi. Filya umusula fyapalama no bwanankashi nomba tafibomba umulimo umo, efyo nefwe tatwakulabombela pamo nenu pantu muli babi!"

Ici calengele ukuti abena Ibi bapange ukwilofya bonse abati: "Abaice batusebanya kanshi katufwe bonse!" Ilyo bafikile ku Nyamanda basangile ishiba likulu abati: "Iyi ine e manda yesu, epo tuleiipaya bonse tufwe, tulobe!" E pakupyata umwando ukulu kabili uwakosa sana. Baipaya ne fitekwa fyabo fyonse, baipakisha ati: "Pantu tulefwa". Panuma ya kwipakisha e pakwikulika bonse ku mwando nokulaibila pe shiba, umo bakonkanine ukutampila ku mukalamba. Nomba kasuli ico ali mwanakashi aupilwe ku mwaume mwina Mbushi. Uyu wine mulume tafwaile ukuti umukashi wakwe nao afwe iyoo. E pa kuputula umwando nokufumyako umukashi wakwe, amupususha. Ilyo line pe shiba pamena no mushinge na lelo line epo uli. Muli uyu wine kasuli e mwafyelwe Kunda Mpanda na bene Bi bonse abalipo lelo.

Abena Kashimu[25]

Abena Kashimu e Balumbu nangu tutile Abalembo. Kale sana Abalembo tabali mu ncende shonse umo bali pali lelo. Bali ku calo ca ku Kaonde. Mfumu ya Balembo ni Mubambe. Imfumu Mubambe yalikwete nkashi yakwe ni Chimya Kala uwali umushimbe. Kwali umwanakashi umo ali nao Mulembo. Uyu mwanakashi aliupilwe ku mfumu Kalima Nkonde mu calo ca Baunga. Papitile nshita elyo muka mfumu alifwile ulya mwina Kashimu. Takwali Umulumbu uwakupyanika mfumu Kalima eico yatumine abantu batatu ku Kaonde kwa Mubambe mukufwaya umwakupyanika mfumu Kalima. Balya bantu bafikile kuli ilya mfumu Mubambe basosele ati: "Imfumu Kalima yalitutuma kuli imwe mukufwaya Umulembo wakupyana mfumu Kalima." Ulya Chimya Kala mushimbe, alisumine nokufwaya cikocikala ca ng'ombe icabasendele bonse nabafumine kwa Kalima. Baliendele inshiku shimo shimo mu nshila kabili balitemenwe lintu bafikile kwa Kalima. Namfumu Chimya Kala kanshi alipyene wabo. Lintu baikele ne mfumu Kalima Nkonde alifyala abana babili abanakashi no mwaume

---

[25] Uwalembele cino cipande ni ba Lazaro Sondashi, mwine mushi kwa Sondashi kabili bena Kashimu.

umo bonse pamo bali batatu. Ishina lya mwaume ni Makubale
Kalima. Ishina limbi ni Mushingwa Kalima. Abana balya babili
abanakashi baliupilwe nokukwata abana abengi. Ulupwa
lwakwa Chimya kanshi lwatampa nomba ukusanduluka.

   Kwali cilubo cimo ico mfumu Mubambe acitile pantu
takonkele ukwaile nkashi yakwe Chimya Kala. Batushimikila
ukuti iyo mfumu yaliumfwile sana icikonko pali uyu mulandu
nokufwa yalifwile pa mulandu wa cikonko. Nkashi yakwe nao
tatalile abwelela uko afumine kwa Mubambe ku ndume yakwe.
Elyo Chimya Kala alifwile.

Abana bakwa Chimya na beshikulu bakwe baile mwi linga pa
kamana ka Kabuluma. Mwi linga mwa Makubale Mushingwa
Kalima mwali ifyakulya ifingi sana, fintu balepelako ne mfumu
Kalima. Abantu lintu bamwene Makubale Mushingwa alepela
imfumu Kalima ifyakulya ifingi sana bali no bufuba, baile ku
mfumu Kalima ati: "We mfumu, uyu Makubale alekupoka
ubufumu ne calo." Imfumu te pa ku fulwa. E pa kusala abantu
amakumi yabili ati: "Kepayeni Makubale Kalima!" Balya bantu
basendele amafumo ne mifwi, baile ipaya Makubale Kalima,
bamwipaile pe samba lya muti wa mukuwe. Ici cali mu mweshi
wa October. Lintu afwile, kwaishile pona akalumba akaipeye
bonse balya bantu abali amakumi yabili abatuminwe ku mfumu
mukwipaya Makubale. Balikwete umwenso sana nokutina. Ilyo
baletola ifitumbi ifyafwile kuli kalumba elyo batolele na
Makubale Mushingwa Kalima. Ilinga akulile, bankashi yakwe na
bepwa bakwe balifuminemo nokusalangana bonse fye. Bamo
baile ku Bubisa kwa Kopa na kwa Chiunda Ponde. Bambi baile
ku Ng'umbo kwa Mwewa, Chitembo na Mwansa Kombe. Bamo
baile ku Bwaushi ku mfumu Milambo. Bamo baile kwi Lala.
Bambi bashele ku Lunga na ku Mubutwa. Ifi efyo basalangene
abana na beshikulu bakwa Chimya Kala. Efyo baishile abena
Kashimu mu calo cesu. Imishi ya bena Kashimu ni iyo: Monta

Mangu, Sakeni, Musaila, Chalwe Mumanga, Pondo, Tali, Nkolanga, Chimasa, Chintelelwe.

Abena Mbulo ku Kabende

Pa mulu natulondolola panono ifyo batolele ifyalo ku Masenga kabili imfumu ishakwa Sokontwe ifyo shiupana na bena Mbulo. Kwashala ukulondolola ibumba ilikalamba lya bena Mbulo ifyo baishile ku Kabende. Ili bumba cikolwe caliko ni Mushika Mpembwe wa ku Ng'umbo, elyo baile ku Mbabala uko bakwata icipupilo cabo. Ibumba limo lya bena Mbulo icalengele ukufuma ku Mbabala pantu balelakana na bena Bwali aba ku Mbabala. Awe, iyi mikowa ibili kanshi tayumfwana nakalya. Ifyo twaumfwa nifi: Abena Bwali baipeye umwana umwina Mbulo. Tatwishibe bwino icalengele ukwipaya uyu mwana, nomba bamo bashimika ukuti nyina alimulaishe cimo icingaba ngo bunga nangu cimbi elyo umwina Bwali alecifwaya, e kwipaya uyu mwaice. Nyina kanshi aupilwe ku mwina Ng'oma. Baumfwana pakati kabo ukutwala umulandu ku Ng'umbo ukwafulile abena Mbulo aba mu lupwa lwa uyo mayo. Kanshi bonse baabwike Bangweulu na Chifunauli elyo ku Ng'umbo abena Bwali balisumine umulandu. Ukuba kwena pa kubwekela ku Mbabala abena Mbulo batolele amato ayatuntulu, abena Bwali babapela ayatulika. Mukati ka bemba elyo abena Mbulo abasangilwe ku mato ya bena Bwali bashinkula ifipunda. Amato pakubunda abena Mbulo e kwingila mu mato ya bena Mbulo. Abena Bwali bena abalefwaya ukwingila mu mato ya banabo kubalasa fye ne nkafi, awe abena Bwali bonse balifwile mu menshi ne fitumbi fyaishile fye ca pamo ku mulundu icakuti babashikile fye mu mukanda umo wine.

Owe, efyo bapwishishe abena Bwali mu cipyu cabo. Ku Mbabala imishi yabo ni Chikonde, Mwansa Nsemba na Lunda. Mukutina icilandushi kanshi bafumine nomba ku Mbabala e kuya ku Mpanta. Ukufuma ku Mpanta elyo basalangana, bamo kuya kwa Kaminsa uko bafula sana pali lelo, bambi kuya kwa Kazembe pa Kaminda, bambi kabili ukwisa kwa Kalasa Mukoso. Kwa Kazembe ku Kapata bamo bafumine nokwisa kwa Kalasa Mukoso ne calengele cifukushi pantu pakushika umuntu wabo umwaice ba wabo babatanine mbaso.

Umwina Mumba umbi asanguka umwina Chisenga

Kwalipo umwina Mumba, ishina lyakwe ni Sakala uwaikele kuli Mwelela, kabili uwaupile umwina Mpende. Abena buko bamwebele abati: "ubunga nabupwa, tufwaileni ubunga kwa Kapela". Efyo umuntu wesu ba Sakala aima, aamba ulwendo lwakuya kwa Kapela mukufwaya ubunga. Lintu aendele mwi lungu, awe nico fwaka yalimusendele sana, asokela fwaka, asha, nomba pakuposa umulilo awe mwela wausenda, afilwa ukuushimya, tapapitile inshita ne lungu lyonse lyapya, no mulilo uleya fye, wasuka wafika kwa Kapela uko waocele amabala pamo ne fitemi fyonse. Uyu muntu Sakala asuka nao afika kwa Kapela. Bamwipusha "taumwene uwasha mulilo mwi lungu?" – "Nshafise, ni nebo naasha mulilo." – "Naumona ifyo wacita, ifitemi fyonse ifyo twatema fyaonaika nomba! Mulandu waleta. Ni nani akutumine?" – "Bena buko." – "Wite abena buko pakuti bomfwe umulandu." Efyo Sakala aima. Pakuya apitile ku bena Mumba banankwe ku Lumpepwa, asanga ba Chisula Kampambwe. Ati "wafuma kwi?" – "Awe ine uko nafuma naleta umulandu. Naoca ifitemi fya bena Kapela." – Aba bena Mumba aba ku Lumpepwa kanshi tabalefwaya ukwingila mu mulandu wa ba wabo. "Uyu mulandu wobe! Walifuma nomba ku bena Mumba, uli mwina Chisenga!" Efyo kanshi umuntu wesu ba Sakala abwekela ku bena buko kuli Mwelela, abalondolwela fyonse. Bena balisumine abati: "Nico twamituma fwebo, teti tukane ukuya kwa Kapela mu kwikala na bena Kasha." Efyo baile bonse kwa Kapela. Lintu bafikile kanshi babatekele ku bena Kasha aba kwa Kapela, awe balefwaya ukubalipila pa fibula fyabo. Abena Mpende balisumine abati: "Ifwe twalituma ba Sakala", nomba nico tabakwete ulwakulipilila abena Kasha, babapela ishiba lya Chisaye pamo ne fyansa, na pali lelo ici cishiba ca bena Kasha.

12

Ubuteko bwa Basungu

Twaumfwa pa mulu ukutila abantu baleingila mu ncende shesu ukufuma mu mbali shonse. Abasungu nifyo fine, bali abalekanalekana, kabili abapusana pa fintu balekonka mu ncende sha mu Kabende na mwa Sokontwe. Bambi baishile pa mulandu wa buyeke nangu *business*. Bambi pakufwaya ukwishiba incende shesu ne mimana (*explorers*). Bambi pa mulandu wa cisumino cabo ntile ama churches (*missionaries*). Bambi pa mulandu wa buteko bwa basungu. Bambi mukulima.

Katanta Basha

Mupepi na ku Tuta pabela akamana ako beta "Katanta Basha" kanshi kasangwa peshilya lya Luapula. Ili shina lyalola mukweba ati abantu balemona umulongo ukalamba wa basha abakakilwe mu nkole. Abantu ba mu ncende shesu pakumona ifi te pakutina, babutuka nokubutuka. Ishina lyena lya kamana lyalishala ati "Katanta Basha". Abantu ba pali iyi ncende balumbula Lucele Ng'anga abati e uwapitileko no mulongo wa basha. Pantu abasungu bantanshi abalumbulwa sana ku myesu ni Lucele Ng'anga elyo na David Livingstone, kanshi fwe bantu akale twalepela abasungu abengi ili line shina lya "Lucele Ng'anga" olo "Livingstone". Bambi batunganya mukweba ati: Lucele Ng'anga e Doctor Lacerda uwafumine ku Mocambicque mukutandala mwa Mwata Kazembe nokufwilako.

Ubuyeke bwaletele abantu abapusana pusana ku myesu. Bambi balefuma ku Mocambique kanshi baleya kwa Mwata Kazembe. Bambi abantu baambile ukufuma ku Tanzania, kanshi baleshita nsofu na basha, kabili balebomba na ma Arabs na ba Swahili. Aba bantu baletele sana ubuyeke ku myesu. Pa mulandu wa makwebo umuntu kuti ashitisha bululu nangu mwana! Mu nshita ya buyeke Doctor Livingstone nao apitile ku Bangweulu na ku Luapula imiku ibili: mu 1868 elyo nakabili mu 1873 lintu aile mukufwila kwa Chitambo. Mu 1883 umusungu na umbi akonkele Uluapula nomba abantu bakwa Milambo baishile mwikata mwa Sokontwe: ni "Bwana Giraud" uwa ku France. Lintu afikile ku Kapalala, icibwato cakwe caliponene ku mabwe, e kufilwa ukwenda nangu ukupita. Abantu bakwa Milambo bamupokolwele icibwato mpaka aumfwene na Milambo Myelemyele nokumushila ifyuma ifingi.

Kalela Mukoshi (Bwana Harrington)

Mu ma 1890s Cecil Rhodes atumine abantu bakwe mukushita icalo cesu. Uwafikile ku myesu mukusainana ne mfumu ni Joseph Thompson. Mukubombela BSAC uyu muntu aliyendele imfumu shimo sha Baushi pamo na ba mwine mishi elyo na ba Lala, ba Lamba na ba Bisa. Umbi uwasainana na Mwata Kazembe ni Alfred Sharpe. Mu 1900 Mwata Kazembe asuka aitwala ku Bangeleshi (pantu alibutwike peshilya ku Congo). Mu 1901 Bwana Harrington aishile mu calo ca Baushi/Kabende mukulembesha imfumu shonse. Abantu kuno balemukuta abati: Bwana Kalela Mukoshi, kabili wa lulumbi maka maka mwa Sokontwe. Umuku wakubalilapo ukwisa ku myesu wali ni mu 1899 ninshi alefwaya ababomfi abakubika lamya (*telegraph-construction*) ku Tanganyika Plateau. Elyo pa kulembesha imfumu shonse balefwaya ukwishiba impendwa sha mayanda mu mishi yesu pa mulandu wa misonko, pantu mu ma 1900s elyo bayambile ukusonkesha amayanda. Awe, ku myesu balefilwa ukupenda bwino pantu abantu baleyabuka pe shilya ku Congo mukukana lipila ulupiya. Mu 1901 bakulile umusebo ukufuma ku Ford Rosebury ukwisafika kwa Sokontwe ku Luapula. Ford Rosebury ilya nshita yabelele ku Johnston Falls nomba umusebo walepita ku Mansa. Uyu musebo ukufuma ku Mansa wafikile ku Lwela, e kuya kwa Mote, e kuya nomba kwa Sokontwe. Mukupita kwa nshita elyo bautwala ku Kapalala pa mulandu wa miyabukile. Abantu abengi balebomba pakupanga uyu musebo pakuti bamwene ulupiya lwakulipila "*tax*".

Ubuteko bwapangile ama divisions yabili ku Luapula: "Upper Luapula division" na "Lower Luapula division". Ifwe batubikile muli Upper Luapula Division, ne boma lyesu lyali mwa Sokontwe. Uwasungile iboma mwa Sokontwe ni Kalela Mukoshi pamo na Mr. Green na Mr. Lyons. Na basungu bambi baleikala mwa Sokontwe, baleshita rubber, umo ishina lyakwe ali ni ba Hepburn. Mu 1903 elyo batwele Ford Rosebury ku Mansa, ne boma lyesu mwa Sokontwe kanshi lyashima.

Ukufuma mu 1906 Mr. Hughes aiminine ubuteko mu ncende shesu, abantu bena balemukuta abati: Bwana Susi. Pakutwala amakalata ku Serenje baleyabuka Luapula pa "Chongolo", nomba mu 1907 baliisele umumana pa mulandu wa "*sleeping sickness*" ubulwele buntu baletina sana Abasungu. Elyo bayambile ukwabuka ku Kapalala, eico ku Kapalala kwaishile ishibikwa mu calo conse.

Abasungu pakuteka nokusonkesha abantu mu ncende shesu basangile amafya maka maka ku mimana. Ku myesu abantu abengi balekana ukusonka. Bambi baleya mukufisama ku Congo. Ukwingi baletina abasungu mukweba ati: nga wasansa umo ninshi icintu cimo cikacitika apabulo kuposa nshita. Kumbi ku myesu kwena baliyesha ukubatamfya: Mu ma 1900s Abatwa ba ku Kapata baile sansa ing'anda ya British South Africa Company (BSAC). Abasungu ababombele mu buteko baleilishanya sana pa bantu aba ku mimana, abati: "balishupa!"

Kanshi mu buteko bwa basungu balelemba ifintu ifingi mu mabuku yabo pafyo basangile mu ncende shesu, na pali lelo aya yene mabuku kuti mwayasanga mu ma *National Archives* aya ku Lusaka. Ukulingna na mabuku aya, abantu bapendele mu 1907 cali ngeci:

> Kwa Kalasa bapendele abantu 1,633 mu mishi 23. Amayanda ayakulipila tax yali 234.

> Kabongo: abantu 390 mu mishi 5, nabakulipila tax ni 60.

> Mushili: abantu 789 mu mishi 11 nabakulipila tax: 121. Mu 1908 bapendulula pantu basanga abantu nabasalangana sana: bali fye 270.

> Kwa Kasoma Bangweulu bapendele abantu 650 mu mishi 11, kabili abakulipila tax ni 100.

> Mulakwa: abantu 982 mu mishi 18. Taxable huts: 151.

> Sokontwe: abantu 956 mu mishi 13 (elyo na bambi 247 mu mishi ibili mupepi ku Lwela pantu imfumu Kapoli yatekele incende shibili). Taxable huts: 147.

> Kaloko: abantu 631 mu mishi 14, elyo abakulipila bali 97. Kapoli lintu afwile mu 1907 baisa bika abena Sokontwe ku mfumu Kaloko, elyo mu 1908 bapenda nakabili icalo conse basanga fye abantu 978 mu mishi 16 elyo abakulipila tax ni 163. Bailishanya sana abati: awe, abengi bakuka peshilya mukukana lipila.

Mu nkondo ya 1914-1918, awe mwandini kwali akantu ku Kapalala pantu pakutwala ifyanso pamo na ma *soldiers* ku Abercorn ku nkondo, kanshi bayabwike ku Kapalala elyo bakonkele Ulwapula. Umulongo wa mato babomfeshe te yakupenda. Pakumona ifi, abantu abengi balibutwike pakutina ukwikatwa nokutwalwa ku nkondo.

Kapalala (Mr. William Clarke)

Uwaishibikwa sana ku Kapalala ni Mr. William Hender Clarke, e Kapalala wine nangu "Bwana Kapalala". Ili shina lyafuma ku mabwe uko amenshi yapalala sana, iyo ncende bakuta ati: ni ku Chipalala. Eko Mr. Clarke aleyabukila cila nshita eico aiinikile ati "ni nebo Kapalala". Ukulingana ngefyo bashimika ku Kapalala pali uyu wine Mr. Clarke batweba ukutila ali umushilika (*soldier*) mu nkondo ya 1914-1918. Ilyo afumine muli bu soldier aishile ikala ku Kapalala. Umulimo alebomba ni kulolekesha pa makalata ayalefuma ku Ndola na ku Mansa. Elyo kabili ne fipe ifyo abantu ba makwebo baleya mukushita ku Ndola mu Mandala Rex Coorperation nokusenda ku majinga, Mr Clark nga amona ama-*invoice* elyo balepita. Takwali inshila imbi pali ilya nshita, ni iyi ine Kapalala Road ukufuma ku Ndola ukufika ku Mansa na ku Kasama.

Uyu Bwana Kapalala kanshi aleumfwana sana ne mfumu Kaloko nangu libe abasungu baipokolola ubufumu, Kaloko ali kwati ni ba wabo. Abeshikulu bakwa Kaloko na pali lelo bashimika ifyo Kapalala alebapempula cila nshita nokulabapela utubupe. Kapalala na Kaloko baleumfwana sana, kabili balipangene mukweba ati: umo nga afwa ninshi no munankwe kufwa mu mwaka umo wine. Bambi bashimika ukuti Kaloko alembele Kapalala umubili onse ndembo sha kukana fwa, nomba Kaloko lintu afwile (mu 1937 nangu 1938) elyo na Kapalala alandile ukuti: "ifyo Kaloko afwa na ine nomba nalafwa", nokufwa alifwile mu mwaka umo wine na ba Kaloko.

Umushi wakwa Katumpa

Ku Kasepa kwabela umushi wa bena Kani we shina lya "Katumpa". Apo ili lishina lyatusekesha, twalalondolola ifyo ishina lya mushi wa Katumpa lyatendeke. Kanshi Katumpa talyali ati e shina lya mushi iyoo. Kale sana waleitwa ati Mwalimu Kunda. Ilyo ba Mwalimu Kunda baleteka uyu mushi ninshi abasungu ba misonko e balelonda imishi yonse. Iyo ine nshita balelonda balecita fye nga bafika muli uyu wine mushi, balesanga fye umwa busali. Pakubwekelamo bakonkomesha ba mwine mushi abati: ifwe pakubwela tukasange umushi ube muli ubusaka, tatulefwaya ukusanga nakabili ubusali, iyoo. Lyonse fye abantu ba mwa Mwalimu Kundu ebo baleikata abakana kwata ifimbusu, imiganda, ifyowa nokuwamya pa mayanda yabo. Kanshi nomba icacitikile nici: ilyo babwelele mukulonda nakabili, basangile fye kwati ni balya bantu abekala ku nkambi ya fitemi elyo babwela mukusendako fye fimo ku mushi. Kanshi ubusali bwalicililamo sana. Abasungu bamusonko e pakwita ba mwine mushi nokubeba ati: Mwalimu Kunda, abantu bobe wateka balitumpa sana. Kanshi twakwebe fi: ukufuma lelo line, tauli Mwalimu Kunda, nomba ni webo Katumpa no mushi uno ni mushi wakwa Katumpa. Kanshi ifi e fyatendeke ishina lya mushi uwitwa Katumpa. Bambi beta abati Mwalimu Kunda, nomba ilyaseka sana ni Katumpa.

Amakwebo: Mr. Smith, Bwana Beti na Mr. Makalashi

Mr. Smith ilyo aishile ku Kapalala alebomba na Mr. Clarke. Panuma alifumine ku Kapalala no kwisa ikala ku Chipundu. Akulile ng'anda yakwe pa kwabuka akamana ka Lwimbe nga mulefuma ku Kapalala kukulyo mupepi ne cimuti icikalamba icali ica ntambi. Papita ne nshita elyo no musungu umbi aishile ikala pamo na Mr. Smith ku Chipundu, ni "Bwana Beti". Pamo na Mr. Smith alelima umusalu na ma *pineapples*. Iyo ncende yali ne nama ishingi ishaleenda monse monse. Abasungu abengi balefuma ku Ndola mukwipaya inama. Mr. Smith alitampile ukulwala mu 1937 nokufwa mwaka umo wine.

Kanshi ilya nshita ku Chipundu uko aleikala kwali ifimuti ifikulu fya ntambi. Mr. Smith bamushikile mwisamba lya cimuti cimo ca ntambi. Papita ne nshita ninshi abalumendo bamo balitemene ici cimuti icikulu mukubasa ubwato, awe kwishamo bonse abatemene cilya cimuti ca ntambi balifwile pa menshi: icibwato babasile kanshi pakucingisha mu Luapula na bantu abengi mukati cabunda nokubunda na bantu bonse mukati

kufwa. Eico basosa abati: te kwesha ukutema icimuti ca ntambi.
Pantu akale tabaletema icitemeteme iyoo. Pakutema icimuti
icikulu balebikapo ubunga, elyo bapupa, baumfwana ne fikolwe
nangu imipashi ya pali iyi ncende kabili nga basanga ulucelo
ukuti ubunga bwapaswa ninshi baishiba ukuti ifikolwe
fyasumina elyo bengatema. Ifikolwe nga fyakana ninshi
tabaletema. Awe ukukana cindika ifikolwe fyesu no kutema
icitemeteme kwalituletelela. Icimuti cimbi ca ntambi cena
cashala ku Chipundu na pali lelo cilipo: umupundu uwasanguka
cilemba, ukulingana ngefyo twalondolola pamulu.

Bwana Bet takokwele ku Chipundu. Uko akokwele sana ni ku
Mpeshi, eko akwete istolo ikalamba na bantu abengi eko baleya
mukushita. Bwana Beti aishile ku Mpeshi pamo no mukashi
wakwe umwina Africa wa ku Kabunda (Congo) elyo ali no
mubomfi umo uwalemwipikila nokumubombela, ni Solo
uwafumine ku Nyasaland. Ku Mpeshi kwaleikala na basungu
bambi: umo ni "bwana Richard", nomba takokwele; panuma ya
nshita inono aile mukwikala kwi Yongolo. Umusungu umbi
balemukuta ati "bwana Makalashi" pantu alefwala amakalashi.
Bwana Beti na bwana Makalashi balebatandalila ku basungu
abengi abaleisa ukufuma ku Mikoti mukuloba isabi no kwipaya
inama ku Mpeshi, baletusha inshiku shimo shimo kwa Beti elyo
babwekela ku Mikoti.

Ubushiku bumo kanshi abena Mpeshi baipeye imfubu mu
Luapula kabili balumendo bapepele ifyamba mukukanaumfwa
mwenso. Kanshi balasa imfubu imo na mafumo ne mifwi,
nomba mfubu yakana ukufwa apa pene. Pa nshita imo ine
bwana Beti na bwana Makalashi bapita na *speed-boat* yabo, elyo
pakumona ukuti imfubu taifwile e kwilasa ne mfuti yabo mpuu,
balasa mfubu mu mutwe, yafwa nokufwa. Kanshi lilya balashile
imfubu ku mfuti e kweba ati: "ifwe twaipaya", bakaka ku bwato,
basenda no kusenda. Abantu pakumona ukuti nabasenda
mfubu te pakufulwa. Bwangu bashika amato e ku lungama ku

cabu kwa Beti, bamona ifyo bakakula imfubu bati baitwale ku mulundu. Abantu nomba bafika, nabafulwa, ne fyamba nabapeepa. Bwana Makalashi e kumulasa ifumo mu molu, mpaa, apunda ati: "Mayo nafwa!", nomba tafwile. Kwali ifyongo ifikalamba, elyo bwana Beti atwele umunankwe ku Mikoti pakuti apole ku cipatala. Uyu bwana Makalashi kanshi tabwelele ku Mpeshi, iyoo. Aishile fye mukukaka ifipe ati: "awe, balishupa abantu", aile mu kwikala kwi Yongolo.

Bwana Beti ena alikokwele sana ku Mpeshi. Beti nga ashita ifipe ku Mikoti alefitwala ku Kapalala ne myotoka, elyo kufitunta na mato ku Mpeshi. Nico akwete icistolo icikalamba uko abantu abengi baleisa mukushita, bambi abalefwaya amakwebo balemufimbila sana abati: "Bwana Beti aletupokolola ama *customers* yonse, tukamwipaye." Panuma ya kwikala inshita itali ku Mpeshi, uwakubalilapo ukufwa ni Solo, uwakulekelesha ni Beti. Solo pakufwa ninshi Beti alandile ati: Solo afwa, musungu awina. Aya mashiwi abomfeshe mukweba ati: bonse babili twakokola kuno, kanshi uwakubalilapo kufwa mwina Africa. Papita ne nshita elyo na Beti afwa. Pakufwa abantu basangile ukuti alifimbile mu mala eico batunganya abati: bamwipeye na sumu. Bambi bena bakana abati, awe, aifwile fye. Nshishi yakwe yaishibikwa sana ku Mpeshi; na pali lelo balalumbula abati ni "kwa Beti", kanshi alala ku mateshi mupepi na nindi yakwa Membe wa linso limo. Abasungu baishile ukufuma ku Mikoti mukumushika, ne mbwa yakwa Beti baipaya, bashika palya pene. Na nomba ku Mpeshi kwabela ifimuti fimo fimo ifyaletelwe kuli Bwana Beti, te fimuti ifikaya na mashina yafiko tayaishibikwa ku myesu nomba fyalikwata amaluba ayasuma.

Ukulwisha ubuntungwa[26]

Ilyo Harry Mwanga Nkumbula ali president mu cilonganino ca African National Congress (ANC) bashamfumu batatu baiposele sana mu fikansa fya calo: ba Milambo, ba Kasoma Bangweulu na ba Mulakwa. Aba bashamfumu ubuteko bwa Basungu bwalibatinine, eico babakakile nokubaposa mu fifungo, kabili panuma yakubakaka balibasalangenye mu fifungo ifyalekana-lekana: ba Milambo babatwele kwa Chungu ku Mukulu, elyo ba Kasoma Bangweulu babatwele ku Chilubi kwa Chiwanangula, ba Mulakwa babatwele ku Ng'umbo kwa Chitembo ninshi ici cali mu mwaka wa 1953. Te ba shamfumu beka bakakilwe, na bekala calo bambi nabo balikakilwe pakumona ukuti imfumu shabo basendwa, abantu baumine akapi no kwima pa Sweka, bambi abo baikete ukucila pa mpendwa nalimo 80 baile kakwa ku Kasama ku Milima na bambi ku Ndola ku Bwana Mukubwa. Abantu bakwa Kasoma Bangweulu balifulilwe cibi pakusenda imfumu yabo. Ifintu ifingi fya buteko na mayanda ya bakapokola yalipile ilyo bayocele.

Iboma lya cikaya ilyaleitwa Kabende Native Authority lyakulilwe kwa Kalasa Mukoso ekwali ama office nababomfi abalebomba mu Native Authority bali ni ba Alfred Chimembe e wali Secretary, Jelichoe Mumba e walesunga icipao ca ndalama na bambi ababomfi epo bali. Ilyo buteko bwa UNIP bwaleteka nokukula ma Councils ababomfi ababalilepo ukubomba mu council ni balya abali mu Native Authority. Pa kulekanya abena Kabende ku Baushi nokubapela Native Authority yabo elyo bapele ba Kalasa Mukoso (ba Malupande) bu Senior chief ku Kabende.

---

[26] Ulembele cino cipande ni mfumu Kasoma Bangweulu.

Ubuyantanshi no buyanuma ku Kapalala

Ku Kapalala kwaleisa abasungu abengi pamo na bakankala bambi mukufwayako business. Bapangile na ice-factory pa kutwala isabi ilyatalala ku Mikoti. Umwina South Africa umo aishile fwila ku Kapalala, bamushikile mu culu cimo icitwa na lelo ati: "kwa Botha." Ilya nshita business yaleenda bwino ku Kapalala pantu icikwepe calebomba sana pamo no musebo uwakutwala abantu ku Mikoti. Amastolo ayengi yakulilwe mupepi na ku mumana wa Luapula. Ku Milenge "Bwana Tela" apangile forestry nokulesha abantu ukutemamo. Bakula amayanda no musebo, ne fibansa fya ndeke baseba mu ncende shesu.

Nomba ilyo ilyeshi likalamba lyaishile ilyaitwa "Cimba Milonge" elyo amastolo ayengi yabundika eico bengi baselele nokuyatwala amastolo ku Samfya nangu ku Mikoti. Banono fye bashele ku Kapalala. Abalebomba ku Mikoti abengi batinine ukubwelela ku Kapalala pa mulandu wa buloshi elyo no kufimbila kwa bantu abati nga twabwela ne fyuma fyesu bakatwipaya abena Kapalala ukulingana ngefyo basosa abati: "Ifiswango fya lelo – bantu banensu!".

Lintu bayambile ukulaabuka Ulwapula ku Chembe ninshi *business* nayo yatampile ukucepa ku Kapalala. Pakulekelesha kufimbila (*jealousy*) kwaishile ipaya ubuyantanshi ku Kapalala. Kanshi lilya Ba Kaunda baleteka icalo kwashele fye bamo bamo abali na business na mastoro ku Kapalala pakuti babomfye icikwepe pakwabusha ifipe fya makwebo eico ba UNIP bamo balimwene ukuti icikwepe tacalebomba sana ku Kapalala abati cingaya kumbi uko cingabombela ukucilapo. Mu Kapalala namo bamo balilombele ubuteko ukufumfya icikwepe pakuti baonaule business ya banabo pantu mu Kapalala mwalesangwa umufimbila ukalamba sana pa mulandu wa makwebo ya bantu balya abalebomfya icikwepe. E kuya ku mfumu Sokontwe mukuyeba abati: ifwe tatulefwaya icikwepe kuno pantu cilebombela fye abantu abanono; tulefwaya *bus* ukufuma ku

Mansa, icikwepe cena kuti basenda nokutwale kumbi. Ca cine, ubuteko bwalisendele icikwepe, baleta na bus iyakwafwa abantu ukulaya ku Mansa ukufuma ku Kapalala nokubwela. Kwishamo, papitile fye akashita akanono ninshi *bus* yafwa nokufwa, yaleka ukulaisa ku Kapalala. Ku Kapalala abantu kanshi bashele apabula *bus* kabili apabula cikwepe.

Ku Chipalala. Eko "Ba Kapalala" (Bwana Kalaki olo Mr Clark) balesonkesha abantu abaleabuka Ulwapula nangu ukufwaya ifipepala, aiinika ne shina ati "ni nebo Kapalala"

13

Ukwisa kwa ma Churches

Abatangilile ku myesu mu kukula Mission ni ba Anglican. Mu 1912 balikulile Mission yabo kwa Ng'omba pamo ne sukulu. Uwabombele uyu mulimo ni bwana William Deerr. Icilonganino cabo caleitwa "University Mission to Central Africa" nangu UMCA. Pa kusonta iyi ncende kwa Ng'omba balilanshenye na bapatili ba Katolika ku Lubwe; elyo baile na ku Kapata mukumonako incende, basuka basontele ukukula mission yabo kwa Ng'omba. Bwangu bakulile amasukulu yabili elyo abantu abengi bayambile ukusambililamo. Amalwele yena yalifulile sana ilya nshita (*malaria*), na pa muko umo wine baletina *tse-tse*. Aya yene malwele yalebalesha ukubomba ifingi. Kulundapo nokupusana ne mfumu Ng'omba, ba *missionaries* bapingwile ukusesha Mission yabo nokuifumya ku myesu. Mu 1915 abakalamba babo bapingwile ukukaka ifipe nokuyakula kumbi, ninshi bapwishishe fye imyaka itatu ku myesu. E kukula Mission yabo ku Chipili. Kwa Ng'omba kwena kwashala fye ifibolya.

Ama churches yantanshi mu ncende ya Kasamba Parish: ba Katolika (twalebeta "ba Mumpe" ("mon père" mu Chi French), inte shakwa Jehovah ("ba Citawala") na ba CMML ("ba Semshi"). Elyo baishile ba Seventh Day Adventists ("ba Chimpempe") elyo ba New Apostolic Church ("ba Apostolo"). Elyo baishile ama church yambi nga ba UCZ, ba Church of God na ba Church of Christ, elyo na ba Pente abalekana lekana. Pano teti tulondolole imilandu yonse ya ma church nangu kupituluka mu ma Senta yonse pamo na ma congregation yonse, kulundapo amasukulu, intungulushi pamo na ba catechist, ba teacher, ba preacher nangu ama elders. Twalemba fye imilandu imo imo ilefuma ku ntampile sha ma churches yantanshi ku myesu.

Pakuleta ama churches abantu baleipelesha nganshi pakupita mu mafya ayengi nokushipikisha mu fintu ifingi. Ama churches pali lelo yasangwa konse konse ku myesu – cishibilo ca fikolwe fyesu fya mu cisumino pamo ne ndupwa ishingi ishaipelesha mukukonka ubwite bwabo.

Ba Katolika

Mu 1905 ba *White Fathers* bakulile Lubwe Mission (St.Joseph). Ukwisa ku myesu ku Kabende ninshi mu 1915 nangu 1916 elyo bayambile ukulaya ku Kapata ukufuma ku Lubwe. Mu 1922 bakulile amayanda ya mapepo ku Kapata. Abakulu abengi balondolola ukutila abantu baletemwa sana inkansu sha ba White Fathers ishakubuta pamo no bulungu bwa kolona pa mukoshi, bambi bamo balundapo mukweba ati: nkansu na kolona pamo no lutambi lwa kukanaupa fyalipalene ne ntambi shakwa Makumba. Bamo balundapo mukweba ati Makumba umwine alisobele ukwisa kwa ma churches ukupitilila muli bakapepa bakwe (bacilaluka) libe abasungu tabalaisa.

Twashimikilwa ukuti ma White Fathers pakupitana mu mishi pamo ne bumba lyabo kwaleba akantu; abaice abengi pamo na bakulu ukuyabatamba, bambi bena kubatina. Inkansu shabo pamo na mapepo yabo yalecindamikwa sana. Abengi baibukisha abapatili ukucinja indobani na mani. Balebakuta ati ni ba Mumpe, nangu "bakwa Kolibo" pantu Kolibo eo baleishiba sana. Ukwingi balebasekelela bwino bwino, kumo kumbi kwena kwaleba ifikansa. Mwi linga mwa Chikonde (Yamba) abekala calo bambi tabalefwaya abapatili, babasowa nokubasowa. Bamo bashimika abati abo basowele ni ba Fwengeni (Father Hofwegen) bambi bena babikapo amashina yambi. Balya bapatili babakuntila umucanga ku nsapato. Ici cali nalimo mu ma 1920s. Papitile fye akashita akanono ninshi na bwana Sims wa mu CMML nao afika ku mushi umo wine kwa Chikonde mukushimika imbila nsuma, nao balimutamfishe nokumusowa, na ena kubakuntila umucanga! Awe, mwandini, batipwa nomba imiku ibili, kuli ba Mumpe na ba Semshi!

Mu ma 1930s abapatili ukufuma ku Lubwe bayambile ukuposa amano sana ku Kapata ne fyalo ifya mu mbali, nga kwa Kalasa Mukoso, Kabongo, Mushili, Mungulube, Sokontwe, na kuli Kansenga. Ilya shita ninshi balisangile ukuti ba Citawala na ba CMML nabafika ku Kabende.

Mu 1935 ba White Fathers (abapatili baleitwa "White Fathers" pa mulandu wa nkansu shabo ishakubuta) bashimpile Mapula Mission. Ukufuma ku Mapula bayambile ukulatandalila icalo cakwa Sokontwe. Ilya nshita bante shakwa Yehovah balitangileko nokufulako mwa Sokontwe. Ukutampa na 1936 ba Katolika bafwaile incende ya ku kula Mission mu calo ca bena Kabende. Inte shakwa Yehovah shalifulile mwa Kabongo na mwa Kalasa Mukoso. Ku Kapata kwena balefwaya sana abapatili ba mu Katolika, maka maka imfumu Mulakwa yaiposelemo mukubafwaila incende na bantu mukubaafwa mu calo caiko. Eico ba White Fathers basontele Twingi pakuti bakulileko Mission.

Mu 1938 ba Father Daubechies ("Dobishi") pamo na ba Father Schwach na ba Brother Benno bakulile Twingi Mission. Ninshi ba CMML balitangileko ku Chipundu. Kumo kumo abantu balekonka sana amafunde ya bapatili. Uko bakulile bwangu ama Senta ni kwa Kaminsa na kwa Mwaba, kwa Chimembe, kwa Njipi na ku Kabende Mushi. Kwa Chimembe ba Katolika balikosele, pantu abena Chimembe abengi ni ba Bisa ukufuma ku Chilubi – (abapatili baishile ku Santa Maria ku Chilubi mu 1903). Ku Mpanta ba Katolika balisangile icilonganino ca ba Chimpempe (SDA). Kwishilya lya

Kampolombo abapatili baleya kwa Mabo Kunda na kwa Kalasa Mukoso. Kwalipo na station imbi kwa Chilufya – pali lelo iyi Senta yabela kwa Yamba ku Fibalala. Abapatili balefika na kwa Londwe, Kafwanka, Mungulube, na ku Musaba; kwa Mungulube kwena tabalesanga sana "interest" ku bekala calo. Ku Twingi abantu balalumbula sana umushi wakwa Katunasa, abati eko abantu balekosa mu cisumino no kwipelesha. Bambi abaishile ku Twingi pali ilya nshita ni ba Father George Blume, Ba Davoust, Ba Brother Reuter, Father Geis, Ba Fr. Clavel, Ba Oswald Payant, Ba Father Pueth elyo na bambi abengi abakonkelepo ukutandalila sana incende shonse mukweba ati na pali lelo balabalumbula sana ku myesu nokwibukisha amashina yabo.

Mu calo mwakwa Mushili Mufwaya station ikalamba yali ku Mpeshi. Ku Mpeshi kwa Pwele kanshi kwalipo umuntu we shina lya Kalaka Pwele uwali umwana wakwa mwinemushi Pwele, uyu muntu alitolele amano ya masambililo ku Mikoti elyo alefwaisha sana ukusambilisha abana, kanshi umwine alitampile ukusambilisha abana pa ng'anda yakwe ukutampa mu 1932 nangu 1933. Kanshi abapatili balemwafwa. Mu 1940 umupatili umo pakutandalila isukulu ku Mpeshi asangile ukuti bakaskulu abengi balilekele ukusambilila, baile kuli ba Citawala abafumine kwa Sokontwe pa mulandu wa kubeba ati: "nga mwaya ku sukulu lya ba Katolika ninshi bakamulembesha ku nkondo ninshi mukayafwila mu nkondo ya basungu, pantu ukulembesha abantu ni kusukulu." Mu myaka iyakonkelepo abekala mushi balipusene na kafundisha umo. Panuma ya kumusesha no kwingisha katekist nomba ubuyantanshi bwa Cina Katolika bwaambile ukumoneka ku Mpeshi ku balumendo. Abakashana bena baletina sana ukuya kusukulu, abati "bakesatusenda kuntanshi nga twasambilila!"

Mupepi ku Kafubashi kuli umushi uwitwa Kasembe. Kanshi kulya kwa Kasembe abapatili balefwaya ukushimpa isukulu. Abantu bamo baibukisha ukuti mu 1939 abapatili bafumine ku

Twingi mukupanga isukulu elyo mu mwaka umo wine ba
CMML ukufuma ku Lwela (Bwana Morse) nabo bapangile
isukulu lyabo mu mushi umo wine. Awe, kwali ifikansa! Bamo
baibukisha ukuti mu mwaka wa 1942 nangu 1943 ninshi
balesambilila mu lusasa lwa ba CMML kwa Kasembe (pantu
icikulwa takulaba ilya nshita), kanshi Bwana Morse ukufuma ku
Lwela alefunda abaice; umupatili umo nao afika ukufuma ku
Twingi kanshi aisa ne njinga pamo na bantu bakwe ninshi
nafwala inkansu iyabuta ukulingana no lutambi lwa bapatili ba
ma White Fathers, awe, abaice abali na bwana Morse baambile
ukusowa umupatili, abati "icifwele inkansu te muntu ni
cibanda", umupatili nao afulwa, kanshi nomba umupatili na
Bwana Morse batampa ukucimfishanya mu misoselo ya mu
Chibemba. Imfumu Mushili yaliputwile uyu mulandu mukweba
ba Katolika ukuposa amano ku Mpeshi elyo ba CMML ni kwa
Kasembe ku Kafubashi. Ca cine, ilya nshita ba Katolika, Ba
CMML na ba Chitawala tabaleumfwana sana kabili kwaleba
"competition".

Mu mwaka wa 1939 bapatili bashimpile isukulu mwa Sokontwe
kwa Masheto. Abekala mushi mwa Masheto balisekelele ba
Katolika, nomba mu mishi imbi mwa Sokontwe bante shakwa
Yehovah balifulilemo. Kafundisha Katolika kwa Masheto ali ni
ba Mikaili. Panuma ya myaka ibili batwele ili line isukulu ku
Kapalala kwa Chipe pa mulandu wa kufula kwa bantu ku
Kapalala. Cimbi icalengele ukusesha isukulu cali ni pa mulandu
wa bekala mushi mwa Masheto pantu balikene ukwafwilisha no
bukule apabula ukupoka amalipilo. Ukulingana ngefyo
batwebele, Mikaili uwalefunda kwa Masheto taile ku Kapalala;
teacher uo batwele ku Kapalala ni Cosimo Mulenga. Isukulu
limbi mwa Sokontwe bapangile kwa Supuni. Uyu mushi ilya
nshita wabelele mupepi na kwa Lunga ku Milenge kabili ba

CMML nabo bapangile isukulu kwa Lunga pakumona ukuti ba Katolika baambile kwa Supuni.

Ukufuma ku Twingi abapatili baleya na kuli Kansenga, kwi Yongolo, na ku Lunga. Mwa Mulakwa kuli Kansenga basangile ba Mwela abatekele imishi isano. Uyu muntu talefwaya ba missionaries, nakalya. Alelesha abekala mushi ukulembeshiwa, kabili umwine alefisama lyonse nga amona abapatili bapalama. Ku mumana kanshi kwaleba incende shimbi uko baleshupana na bapatili. Bashimika ukuti ku Kalundu balisowele abapatili; elyo ku Kasakala nako tabaleposa amano ku mifundile ya bapatili nangu fye panono, elyo mupatili umo alitipile umushi mukweba ati: "kuno kukalesangwa fibamba fyeka fyeka". Ca cine, umushi wa Kasakala waishile paswa pa mulandu wa kuupaupa kwakwa mwine mushi uwapangile imilandu ingi mu lupwa lwakwe. Pali lelo mu cibolya mwa Kasakala mwashala fye fibamba fyeka fyeka ukulingana ngefyo basoselwe. Mu ncende shimbi shena abapatili balebasekelela bwino bwino.

Mu ma "unaided schools" balesambilila Sub A na Sub B. Ukutampa na Standard I baleya ku Twingi. Mukwenda kwa nshita, bashimpile Standard I na II ku masukulu yambi ninshi ku Twingi baleya ku Standard III. Bakafundisha ba ntanshi pamo na ma preacher balebomba sana mukusandulula Eklesia. Abaishibikwa mu ncende shesu mpaka na lelo ni ba Mikaili Matipa, ba Mateo, ba Celsio Sempela na ba Stephen Nkonge. Bamo bamo bafumine kwa Chimembe ukwakosele ubwina Katolika. Mu 1942 amasukulu ya ba Katolika ku Kapata, ku Lunga, mwa Kalasa, Kabongo, Mushili na Sokontwe yonse pamo yali ni 13, nomba kumo kumo baliisele amasukulu pa mulandu wa kubulisha bakafundisha. Abalefunda ku Twingi ukutampa na Standart I bali ni ba Joachim Mabwe (ukufuma ku Twingi), ba Laurenti Nsabika (ukufuma ku Lwena) na ba Andre Mwali (ukufuma ku Lubwe).

Kwa Chilongoloka kwali ubusanso ubwacitikile mu 1946. Abantu bashimika ukuti umupatili afikile kwa Chilongoloka ninshi imfula yaambile ukuloka panono. Umupatili alelanda na bantu ninshi kafundisha atampa ukukakula ifipe fya mupatili. Uyu mupatili aleenda ne mfuti. Kafundisha e kubula imfuti kanshi alikwete umukashi wakwe uo akobekele fye nombaline. E kulanga umukashi wakwe mfuti ati "wamona, pakulasa mfuti bacite fi", asonta mfuti ku mukashi. Kwishamo impolopolo yafuma, yalasa mukashi. Umupatili pakumfwa imfuti yalila apo pene kubutukila mu ng'anda mukumona ificitikile. Awe, asanga teacher nalasa umukashi wakwe. Apa pene abula amenshi nokubatisha uyu mukashana. Panuma fye akashita akanono umukashana afwa nokufwa. Abantu kwa Chilongoloka te pa kufulwa, balefwaya ukwipaya kafundisha. Pakupususha kafundisha umupatili e kubeba ati: "Pakwipaya kafundisha ngale njipayeni ine wine" ninshi abantu nomba batina. Imfumu Kalasa Mukoso ilya nshita yali ni Ba Malupande kanshi pakushimikilwa uyu mulandu yaima apo pene, yalungama kwa Chilongoloka. Pakumona imfumu nomba icongo canaka panono. E kweba abantu ukutila uyu mulandu ukalamba sana, ufwile ukupingwilwa ku Boma ku Ford Rosebury. Eko kanshi batwele umupatili pamo na kafundisha. Ku boma balipingwile mukweba ati umukashi afwile mu busanso, te ku mufulo bamwipeye, nomba kafundisha bamulipilishe indalama ishingi isha kupela ulupwa lwa mukashana pa mulandu uwa kwangala ne mfuti.

Ubusanso bumbi bwacitikile mu ma 1950s mwa Sokontwe kusukulu. Ilya nshita ba Father Payanti balebomba ku Twingi. Ubu busanso bwaliletele ubulanda sana.[27] Cacitikile kwa Supuni "unaided school" uko kafundisha umo, ishina lyakwe ni Stephen Malekani ukufuma kwa Katunasa, alefunda. Uyu kafundisha imilimo yalifulile sana pantu alefunda Sub A, Sub B na Sub C nomba pakubomba uyu mulimo onse ali fye eka. Ifyo alecita nifi:

---

[27] Uwalondolwele cino cipande ni ba Father Payanti abatulembele kalata ukufuma ku Canada.

Nga asambilisha Sub A ninshi abana ba muli Sub B na ba Sub C baleya mu mabala nangu mukusamba ku mumana. Bushiku bumo kanshi kafundisha ali alesambilisha bamo mu sukulu, bambi abatuma mukusamba ukulingana ngefyo balecita pa mulandu wa kufula kwa bana, awe kwishamo ing'wena yaisa ikata umwaice umo, yamusenda nokumusenda. Abanankwe e kuyaeba kafundisha, kafundisha nao kubutukila ku mumana pamo na ba kaskulu bonse, awe, basanga fye ukuti mwana nasendwa, nokumoneka iyoo. Abantu ku mushi te pa kufulwa. Kafundisha kanshi bamutwala ku mfumu Sokontwe, bambi bena bafwaya fye ukumwipaya abati e uwaipaya umwana. Apabula imfumu Sokontwe limbi nga balimwipeye. Imfumu e kutuma *messenger* ku Twingi kwa Father Payanti. Uyu messenger pakuti afike ku Twingi ne njinga, ninshi akasuba kawa. Ubushiku ubwakonkapo ba Father Payanti baima ulucelocelo, bafika ku mfumu Sokontwe. Ubwakonkapo elyo bakuta nyina wakwa uyu mwana. Pakwisa mu cipango te pakulila ifilamba: "mwana wandi... mwana wandi..." Pakumona ukuti ba Father Payanti nabekala pamo na ba musumba, awe aiposa pa mupatili nokumweba ati: "Webo walenga, kanshi ulempela umwana umbi!" Imfumu Sokontwe e kwesha ukumutalalika umutima, nakalya. Lintu aile, elyo baambile ukulanshanya ne mfumu pa mulandu we sukulu. Ba Father Payanti bayebele ifyo balanshenye na bapatili banabo ku Twingi: "Uyu kafundisha teti ashale mwa Sokontwe, abantu kuti bamwipaya." Kanshi uyu mulandu walengele ukwisala isukulu pantu takwali kafundisha umbi uwakupyana icifulo kwa Supuni. Abantu bambi bena bausenda mukweba ati: "Mukufumisha kafundisha nokwisala isukulu mwa Sokontwe abapatili balitipa icalo." Pantu mukwisala isukulu ubuyantanshi bwashima.

Ifi fyonse filelanga ukuti umulimo wa kusandulula icisumino pamo na masukulu wali uwakosa sana. Te bekala calo bonse balisumine uyu mulimo, kabili mukumona amafya nangu imilandu abengi balefupuka. Uwakwensho bushiku bamutasha nga bwaca. Abapatili, bakafundisha, ba mwine mushi na bashamfumu abaleiposa muli uyu mulimo nokushipikisha mu mafya yonse kanshi lelo tulebatasha. Mu nshiku sha busokolo mwena tabaletashiwa sana, iyoo, futi bambi baletontonkanya abati "aba bantu nalimo baisa mukutupokolola icalo." Abapatili tabalenaka iyoo. Imiku ne miku baleendela imilundu ingi panshi na majinga, ukufuma ku Lubwe, elyo ukufuma ku Mabumba na ku Twingi. Pa mulandu wa kulaendela incende ishingi nokushimpa amasukulu na ma church, ba Payanti pamo na bapatili banabo baibukishiwa sana na pali lelo nge cikolwe mu cisumino.

Lintu baiswile Samfya Parish elyo incende ya Kapalala yaambile ukutandalilwa ukufuma ku Samfya. Kanshi pesamba twabika amashina ya bapatili bonse ayalembwa mwi buku lya mbatisho ku Kapalala.[28] Mu 1997 elyo baisula Kasamba Parish,

---

[28] Ifitabo fya mbatisho sha ba Katolika filelanga ukuti abapatili abengi baleisa ku Kapalala; kabili balefuma ku ma Parish ayalekanalekana (maka maka Twingi na Samfya). Amashina yabo ayo twasanga mwi buku ya mbatisho ni aba: Boumier, B. Stürzer, Kohle, E. Pueth, Xaver Geis, Clavel, Oswald Payant, J. P. Besner, H. van Hoften , J. M. Colibault (Kolibo), J. P. Hebert, Schwach, Kemmink, Jeanrenaud, Lambert, J. M. Norbert, Louis Girard (Ba Lwando Kalaba), Pierre Paul Boutin, G. Racicot, B. Tremblay, Leo Venhuizen, William van Berkel, James Bedard, Amyot d' Inville, Franz van Roessel, Mgr Pailloux, Berni Müller, T. van der Valk, Lafond, David Lheigh, G. Robitaille, Bishop James Spaita, Karl Hermes, W. Reynen, Patrick Harrity, Chashya Lufungulo, Harry Weghorst, Maurice de Weerdt, Ignatius Chama, Peter Pilawa, Jean-Louis Godinot (Mpundu Kasakula), Stephen Malama, Jean Cordesse, Chishala Mbita, Fulberto Bwalya, Mofya, Remi Kayope, Emmanuel Chabu, Martin Grenier, Basil C. Mwewa. Abapatili na ba Brother abalebomba ku Twingi ukutampa 1938 ukuyafika mu ma 1980s ni aba: Marcel Daubechies, Benno, Schwach Alphonsio, George Blume, D. Davoust, Brother F. Reuter, X. Geis, R.P. Clavel, Oswald Payant, E. Pueth, J. P. Besuer, van Hoften, Tito Kapepele, J. P. Hebert, Louis Guillerme, B. Stürtzer, A. Schwach, Roland Jeanrenaud, Andre Lambert, Jean Nobert, Brother Linus, Harry Weghorst, Pierre-Paul

kanshi ama Senta aya ku Kapalala yaingila nomba mu Kasamba Parish pamo na ma Senta yambi yamo yamo ayali akale mu Twingi Parish nomba kwishilya lya mumana wa Kampolombo.

Inte shakwa Yehovah

Akale ici cilonganino caleitwa ku America "Watch Tower Bible and Tract Society". Ba Kamwana Eliot Kenan e bapangile ici cilonganino ku Nyasaland (1907) elyo caishile fika na ku Northern Rhodesia. Pakubala ubuteko bwa basungu tabwalefwaya ba Citawala, nico abalelonganinamo abengi balekaninina ubuteko ubuli bonse: ubuteko bwa basungu pamo no buteko bwa bashamfumu abakaya. Mu kupwa kwa nkondo (1914-18) ba Citawala abaletungululwa kuli ba Hanoc Shindano, ba Makomba, ba Leviticus Kancele, nangu ba Yapangwa, balepunkana no buteko bwa basungu ku Abercorn (Mbala) na mu ncende shimbi. Bambi abali mu cilonganino ca bacitawala balebacusha nganshi, maka maka ku Congo na ku Nyasaland.

Ba "Watch Tower Bible and Tract Society" abapangilwe ku America bacinjishe ishina lyabo mu 1931, babeta nomba nte shakwa Jehovah. Mu Zambia mwena ici cilonganino caleitwa akale "ba Citawala", kabili mukutendeka ba Citawala aba mu Zambia tabali ca pamo na banabo mu butungulushi bwa ba ku America, iyoo. Pantu muno mu Zambia ilya nshita takulaba ubutungulushi ubwakumanina icalo conse. Bonse baleitwa

---

Boutin, Germain Racicot, van Roessel, Bernard Tremblay, Louis Girard (Lwando Kalaba), Wim van Berkel, Leo Venhuizen, Sebastiano Kang'ombe, Jacques Bedard, Luc Antaya, Amyot d'Inville, Bernfried Müller, Jean Cordesse, Ton van der Valk, Jean Claude Robitaille, David Leigh, Karl Hermes, A. W. Raynen, Patrick Harrity, Chashya Lufungulo, Peter Pilawa, Jean-Louis Godinot (Mpundu Kasakula Masonde), Oswald Chansa, Luciano Mbita, Frederik Mambwe, Remi Kayope. Elyo baleka ukwingisha amashina ya bapatili mu citabo ca Parish.

Bacitawala nomba ifilonganino fyabo fyalipusene mu mifundile, nangu tutile te bonse balikwete lifunde limo line.[29] Ubutungulushi bwine bwine bwa calo conse bwafikile fye mu 1935. Elyo ne shina lya cilonganino lyacinja na mu Zambia: nte shakwa Jehovah. Ilya nshita ubuteko bwa basungu nomba bwasumine ukwita bante shakwa Yehovah ukufuma ku South Africa pakuti na kuno bapange icintu cimo no butungulushi bumo. Ba Citawala mu calo conse bakwate ubutungulushi fye bumo.

Kanshi ilya nshita imfumu Sokontwe yali ni ba Lubebe Mulando, iyi mfumu kanshi yalitemenwe nganshi amafunde ayapya ya bante shakwa Yehovah aiti: aya mafunde yasuma sana kabili ayatuntulu. Mwa Sokontwe iyi imfumu yaliiposelemo sana pakuti amafunde ya cilonganino yalondoloke bwino. Elyo baletele ba Tomson Kangale, ne milonganine yaambile ukulondoloka. Bambi abakonkele ukufunda ni ba Brighton Mfundaula kanshi aba bantu balefunda ukulingana na mafunde ayapya. Umbi uwaishibikwa sana mwa Sokontwe na mwa Mushili ni Jeremiah Kondwe (Sokontwe) na Thomas Ng'ombe (Chishikishi). Ku Kapalala balikwete icilonganino kwa Sondashi (pa Malenga). Abalefundako ni ba Kapelembe.

Mwa Sokontwe elyo na mwa Kabongo bante shakwa Yehovah balikosele sana. Imishi ingi yali ya bante muli ishi ncende. Ukufuma mwa Kabongo (na Kalasa Mukoso) baambile ukulaya na ku Kapata. Mu ma 1930s bapangile ama "campaign" ayakalamba; abantu abengi babatishiwe ku bunte pa mulandu wa ma campaign. Kwa Kapela uwaletungulula ni ba Moses Chifulo. Ukufuma kwa Kapela baile ku Kaongo; intungulushi iyaishibikwa sana yali ni ba Big Mwewa. Ku Kaongo balebeta ba

---

[29] Abantu bamo bashimika ukuti ku ncende shimo ku myesu bamo balefunda ukucinjanya abakashi pakulanga icitemwiko nokubomfya imiti iya kukana imita abana. Ifi fyonse tafyali mu mafunde ya nte shakwa Yehovah, iyoo.

"Lwando Company". Ba Citawala bambi bena tabasekelele amafunde ayapya ya bante. Elyo babwekele kwa Chilongoloka, nomba bayambile ukutungululwa kuli ba Kondemu Mpandashalo, pantu uyu muntu alisuminishiwe ku cilonganino icikalamba ca nte shakwa Yehovah mukweba ati alefunda ukulingana na mafunde ayasuminishiwe ku bunte.

Bacitawala na ba Katolika tabaleumfwana, nakalya. Kwa Kapela (Kungu) bashimika ifyo umupatili wa ku Lubwe (bamo batila abati: ni ba Father Kolibo) alilakene na Ba Moses Chifulo, ne ntipu shafumine mbali shonse shibili: Moses Chifulo na Kolibo batipishanya. Bashimika ukuti umupatili panuma yakutipwa aile luba mwilungu pa nshiku shibili, Moses Chifulo nao ubumi bwakwe tabwalelondoloka bwino mu fintu ifingi panuma yakutipwa.

Mwa Sokontwe bante baletina amasukulu ya ba Katolika. "Balatupokolola icalo!" Kanshi mu nshita ya nkondo (1939-45) nga balemona umupatili alepita ninshi baleeba abantu abati: "baisa mukutulembela abana, bakaye ku nkondo." Abaice abengi abafyashi babakenye ukuya kusukulu. Kanshi baleimba no lwimbo lwa kweba ati:

Mwe abalefyala abana –

mulefyalila buyongo, mulefyalila buyongo –

impanga yapokwa na ba kolwe abapimpa toyoyo.

Inte nasho shalikwete bakafundisha abakusambilisha ukubelenga nokulemba, nomba balesambilishanya fye pakati kabo. Nokwafwana baleafwana sana pakati kabo mu ncito ishalekanalekana, bambi balekwata amastoro bambi futi baletele fya buyantanshi ukufuma ku mikoti uko balebomba. Kabili inte shalitangile sana mukulemba "Ulupunga", "Loleleni" ne fitabo fimbi mu Chibemba kanshi ifi fitabo fyalisalangana incende shonse.

CMML[30]

Ba CMML bafikile ku Mambilima mu 1897 nangu 1898 (mukutampa na ba Henry Pomeroy, elyo ba Anderson, elyo ba Campbell, elyo ba Lammond, kanshi abengi baishile na ba mama babo, nomba imfwa na malwele yabasangile nganshi). Ilya nshita balebakuta ma "Open Brethren" nangu "Christian Brethren" nangu "Brethren". Ishina lya bu CMML mu Chisungu batila "Christian Missions in Many Lands" pantu ilyo baambile ukusalangana icalo conse ubuteko bwa Basungu babebele ukusala fye ishina limo. Ku myesu ku Kabende kwena balebakuta "ba Semshi" mpaka na lelo efyo baishibikwa. Pantu uwaishile ku Kabende ni Bwana George Sims uo baleita "Bwana Semshi" pamo na bakashi Ba Margaret Sims. Kanshi balefuma ku Mansa. Bwana Semshi libe tabalafika ku Mansa kanshi balebomba ku Bwingi Milonga (kwa Milambo), ku Kaleba, na ku Mwenso wa Nsoka. Kanshi mu 1924 elyo batendekele ukulaisa ku Kapata pa Chipundu. Bakula ing'anda ya mapepo pamo ne sukulu. Ili isukulu ku Chipundu cilemoneka kwati e sukulu lyakubalilapo ukukulilwa ku Kabende. Abalebomba na ba Mr Sims ni ba Amon Mandefu, ba Chileya Mutukula, ba Nason Chikonde, ba Bernard Keleya na ba Yotamu Chikamba. Ku Lunga baile mu 1926 ku Ncheta kwa Bwalya Mponda ku Mutoni. Elyo baambile ifilonganino ku Kaswetele na ku chilila ca Nsumbu ku Chilubi.

Bambi abaishibikwa sana mu ncende shesu ni Bwana Arthur Morse pamo na bakashi abaishile shimpa Lwela Mission mu calo cakwa Milambo mu 1935. Kanshi ukufuma ku Lwela baleisa sana mwa Sokontwe na mwa Mushili Mufwaya: ku Kapalala,

---

[30] Ba CMML balilemba akabuku akasuma sana ka mu Cibemba umo balondolwela ubusaka intendelo ya cilonganino: *Ibukisheni Intungulushi shenu ...Pashanyeni Icitetekelo cabo*. Bambi abatulondolwele ilyashi bwino bwino ni balya abalongana mu kabungwe ka ntambi kwa Kasanka.

kwa Sokontwe, ku Kafubashi, na kumbi balebomba pamo na ba Loti Matipa, ba Supuni, ba Masumbuko na ba Chimbwi. Nomba te ku myesu kweka balebomba pantu na ku Chembe na kumbi ukwingi balefika. Mu ma 1950s elyo bakulile icipatala ku Lwela pamo ne sukulu lya bantu abashimona. Kanshi ba missionaries na bambi abengi baleisa mukubomba ku Lwela.

Samfya Mission baisa isula mu 1940 kuli ba Horace Coleman abaishile mukutwalilila imilimo yakwa Bwana Semshi. Panuma imyaka fye inono elyo na Bwana Fulton baisa mujoina abaleposha abalwele ku Samfya na ku mishi ingi. Mu ma 1950s ba Coleman baletele ne cibwato ce shina lya "Galilee" icaleenda imyaka ingi mu mimana yesu. Bapangile na Bible School, futi na ba missionaries bambi babajoinine ku Samfya (ba Otto Jensen abaleenda na ba Jameson Kayanika na ba Jellicoe Mumba, ba Stuart na Joy Houghton, na bambi abengi abaishile panuma (ba Stephen English na bakashi mu ma 1980s, ba Mark na ba Shirley Davies mu ma 1990s...)

Mu myaka ya kunuma ba CMML na ba Katolika bakulile ama Senta yabo ilingi line mu musango wa "competition". Bamo nga bakula isukulu kumo ninshi nabanabo balefwaya ukukulilako isukulo. Efyo cali kwa Kasembe mukulingana ngefyo twashimika pa mulu. Ku Ncheta ba Katolika bakula kwa Bwalya Mponda, elyo ba CMML nabo babika isukulu ku Mutoni; mwa Sokontwe ba Katolika bakulile kwa Supuni, elyo ba CMML nabo bapangile isukulu mupepi kwa Lunga. Ku Kapata ba CMML batangile ku Chipundu, elyo ba Katolika baishile kulila mupepi ku Twingi.

SDA[31]

Muno mu Zambia ba Seven Day Advantists abantanshi bafikile mu 1903 mu calo ca ba Tonga ku mfumu Monze mukufwaya

---

[31] Uwalembele cino cipande ni ba Aaron Moloshi (Kamanda's Village)

incende. Aba bantu bafumine ku South Africa. Mu 1905 bayambile imilimo yabo yakufunda ifyebo fyakwa Lesa. Ku Luapula icilonganino cabo catendekele ku Chimpempe eko bakulile mission, ama-offeshi ne sukulu. E apa abantu batampile ukwita icilonganino ati ni ba Chimpempe ukubikapo fye ne ng'oma balelisha nga belu yalelila ati: ku Chimpempe – ku Chimpempe – mpe – mpe fyonse ifi abantu fyalilengako ukwita ili shina.

Elyo bayambile icilonganino kwa Mabumba pa mushi pa Losi nangu pa Chisongo. Abakoselepo sana ni ba Timothy Kabengele. Elyo batwele icilonganino ku boma, bakulile ku Senama. Ukufuma ku Senama basandulule sana ici cilonganino. Abatendeke ici cilonganino ku Mansa ku Senama, ni ba Kaushi na ba Munshimbwe. Ukufuma ku Senama baile panga icilonganino ku Mpanta. Ici cali mu ma 1938.[32] Elyo mu 1950 icilonganino cafikile ku Samfya boma. Baambile fye na bantu banono eico bapangile "Branch" e mukutila abantu tabafula pali 11. Nga bafika pali 12 elyo bapanga Company. Company ku Samfya bapangile mu 1953. Mu 1955 ninshi ababatishiwa bafikile pali 25 abalecincila mu milimo kabili abatulile icekumi. Abaletungulula ni ba Lufungulo, ba Longwani, ba Luka Mumba na ba mama wabo. E bali abakosa sana kuli bana mayo lyonse na bena mwabo baleya kwa Mabumba pa Losi SDA church. Ba Luka Mumba balikwete imyotoka (bus), baleiminina pa Losi nga bafuma ku Samfya. Ba Lufungulo pa Mwamfuli church baisa basala nga bakakumba (pastor) ku Chimpempe bali nga bakafundisha. Baliya na ku Zolusi ukufuma kulya baisaba nga ba president ku cisampa cikalamba (union) ku Lusaka. Ukufuma ku 1972-80 bakulile icisampa cikalamba ku Mansa. Ku Mansa

---

[32] Abapatili ba ku Katolika aba ku Twingi balembele mu mabuku yabo ukutila panuma fye inshita inono ya kusokola Twingi Mission (1938), basangile icilonganino ca ba SDA ku Mpanta, nomba panuma imyaka fye inono abantu abengi bafumine ku Mpanta pa mulandu wa kusela.

kanshi balifula sana. Nomba mu ma 1970s intungulushi sha kale shalipanga icilonganino na cimbi ukusuminisha ukuupa impali no kulya ifyatalala pa Sabata, elyo babafumishe mu SDA. Lelo na bena icilonganino cabo efyo bacita ati: SDA Reformed Church, caba ku Senama elyo na pa Kabalika ku mfumu Mibenge.

Congregation kuli Mumbo Tuta yatampile mu ma 1950s. Lintu batweleko ba kakumba (pastor) Makumba ninshi yaambile ukukosa. Ubunasha bwali fye ku mabupe. Manokola yatendeke no muntu umo uwali kuli Mumbo Tuta. Elyo abena Mumbo Tuta baisa mukubila imbila nokubatisha, ukuba kwena mu kwenda kwa nshita ubunasha bwabwela. Yongolo yatendeke mu 1988 na ba Meleki no mwana, bafumine ku Serenje. Abena Samfya e baleisa mukubakoselesha, maka maka ba Lubemba. Ku Mupita, ku Chitundwa, ku Kafubashi, kwa Kasanka, ku Chishikishi, ku Mpeshi, na ku Kaishe bapangile ama churches mukutampa na ma 1990s.

Ubwingi bwa ma churches

Ba New Apostolic Church bayambile imilimo yabo ku Kapalala. Ici cali mu 1946 nangu 1948. Uwaletele ici cilonganino ni ba Mutumpa Nsapato uwafumine ku Ndola. Umwine ena ali Umubemba. Ku Kapalala aupile umwanakashi. Umbi uwabombele sana ni Peter Chali. Ku Kapalala, church yabo iyantanshi yakulilwe kwa Kaloko. Ukufuma ku Southern Rhodesia kanshi baleisa limo limo mukubacincisha. Elyo baile ku Mansa na ku Kawambwa. Kanshi mu Luapula monse intendekelo yabo ni ku Kapalala.

Ama church yambi mu ncende shesu: ba U.C.Z., Church of Christ, Church of God, na ba Pente abalekanalekana, kanshi balikokolako panono. Ama church yambi yafika fye nombaline. Pali lelo kuti mwasanga mu mishi yonse abantu bapepa mu ma church ayalekana lekana nomba tefyo cali akale. Ilingi line

umushi onse balepepa fye mu church imo ine, kanshi imishi imo
yali ya ba Katolika, imbi ya ba nte, imbi ya ba CMML.

Bamo nomba limbi kuti batemwa ukwishiba icalengele
abantu mu mushi umo ukusala icilonganino cimo nangu
ukusula cimbi. Kanshi ili lipusho twaipusha abakalamba mu
tubungwe twesu. Amasuko twapoka yali ayapusana pusana:
Ifilonganino pakufika mu ncende shesu, abengi kanshi
balemona ku busaka bwa mipepele. Nga basangile amapepo yali
fye yakuwayawaya, awe, basula. Bambi bakonkele ifilangililo fya
ntungulushi sha mu church. Nga basanga ukuti muntu wakwa
Lesa ninshi bakonka bwangu. Bambi abengi bakonkele mwine
mushi nangu ubwingi bwa bantu. Maka maka mu myaka ya
kunuma sana, inte shakwa Jehovah mwine mushi nga
alonganinamo, ninshi umushi onse kukonka. Bambi
abakashana abengi bakonkele abalume. Ba CMML na ba
Katolika basangile abantu abengi pa mulandu wa masukulu.
Bayambile ukufunda abaice ifyebo fyakwa Lesa, elyo na bafyashi
ilingi line balekonka abana mu cisumino, bambi balesubila
ubuyantanshi mu masukulu. Bamo bamo baingile ku bunte pa
mulandu wa kukana sumina ubuteko bwa basungu nangu
ubuteko bwa bashamfumu, nangu ukutitikishiwa pa fililo nangu
ku ng'anga. Bambi pantu balesumina ukuti icalo calapwa
bwangu. Ama church ayengi yasalangana icalo conse pa
mulandu wa ma members ukucinja ubwikashi ninshi batwala
church kumbi. Bambi bajoina pa mulandu wa kwikatana.
Twashimikilwa ukuti mumo mumo baleafwana sana mu milimo
elyo na pa fililo na mu macushi. Bambi abaume balefwaya ama
church yambi pa mulandu wa kufwaya ubutungulushi. Bambi
badonselwe mu ma campaign: balefwaya ukumona ama choirs
pamo ne cintu bwingi ukufuma ku ncende shimbi. Bambi
bajoina pa mulandu wa cisumino cintu bamwene: "aba bantu
apabula Lesa teti bashipikishe muli ifi fyonse." Bambi
pamulandu wa kutandalilwa pa ng'anda. Bambi pantu

balesubila ukuposhiwa ku malwele pamo ne ngulu nangu fibanda. Bambi balesubila ukucingililwa ku buloshi na ku fiteyo fya bantu nga babatishiwa. Bambi bakonkele ubwite buntu baumfwile mu mitima yabo. Lesa eka aishiba umutima wa muntu kabili umwine e uwalula umutima wa muntu.

Intambi shesu

Pali lelo twikala abasalangana salangana. Ifikolwe fyesu fyena fyaleikatana mukwenda mu ntambi, emo Lesa alebatungulwila. Intambi shilacinja, nomba Lesa uwaletungulula fikolwe fyesu ni Lesa wesu wine uletutungulula na pali lelo. Pakulemba kano katabo twaikele ca pamo abakalamba na ba shamfumu, ba mwine mushi na ba cilolo ukufuma ku ma church yonse ne fisumino fyonse. Bonse ca pamo twaliyesha ukulemba icintu cimo nangu kupanga icintu cimo, emo tulesubila ukuti na fikolwe fyesu (ifya mu calo elyo ifya mu cisumino) fikacindikilwa.

www.ingramcontent.com/pod-product-compliance
Lightning Source LLC
Chambersburg PA
CBHW060502290526
45791CB00001B/230